CB082506

LIDERANÇA MOVIDA PELO PROPÓSITO

Como se tornar um grande líder criando uma cultura de liderança sustentável

Fabiano Defferrari Gomes

ALTA BOOKS
EDITORA
Rio de Janeiro, 2022

Liderança Movida pelo Propósito

Copyright © 2022 da Starlin Alta Editora e Consultoria Eireli.
ISBN: 978-65-5520-872-6

Impresso no Brasil – 1ª Edição, 2022 — Edição revisada conforme o Acordo Ortográfico da Língua Portuguesa de 2009.

Dados Internacionais de Catalogação na Publicação (CIP) de acordo com ISBD

G6331 Gomes, Fabiano Defferrari

Liderança movida pelo proposito: Como se tornar um grande líder criando uma cultura de liderança sustentável / Fabiano Defferrari Gomes. - Rio de Janeiro : Alta Books, 2021.
256 p. ; 16cm x 23cm.

Inclui índice.
ISBN: 978-65-5520-872-6

1. Administração. 2. Liderança. I. Título.

2021-4555
CDD 658.4092
CDU 65.012.41

Elaborado por Vagner Rodolfo da Silva - CRB-8/9410

Todos os direitos estão reservados e protegidos por Lei. Nenhuma parte deste livro, sem autorização prévia por escrito da editora, poderá ser reproduzida ou transmitida. A violação dos Direitos Autorais é crime estabelecido na Lei nº 9.610/98 e com punição de acordo com o artigo 184 do Código Penal.

A editora não se responsabiliza pelo conteúdo da obra, formulada exclusivamente pelo(s) autor(es).

Marcas Registradas: Todos os termos mencionados e reconhecidos como Marca Registrada e/ou Comercial são de responsabilidade de seus proprietários. A editora informa não estar associada a nenhum produto e/ou fornecedor apresentado no livro.

Erratas e arquivos de apoio: No site da editora relatamos, com a devida correção, qualquer erro encontrado em nossos livros, bem como disponibilizamos arquivos de apoio se aplicáveis à obra em questão.

Acesse o site www.altabooks.com.br e procure pelo título do livro desejado para ter acesso às erratas, aos arquivos de apoio e/ou a outros conteúdos aplicáveis à obra.

Suporte Técnico: A obra é comercializada na forma em que está, sem direito a suporte técnico ou orientação pessoal/exclusiva ao leitor.

A editora não se responsabiliza pela manutenção, atualização e idioma dos sites referidos pelos autores nesta obra.

Produção Editorial
Editora Alta Books

Diretor Editorial
Anderson Vieira
anderson.vieira@altabooks.com.br

Editor
José Ruggeri
j.ruggeri@altabooks.com.br

Gerência Comercial
Claudio Lima
comercial@altabooks.com.br

Gerência Marketing
Andrea Guatiello
marketing@altabooks.com.br

Coordenação Comercial
Thiago Biaggi

Coordenação de Eventos
Viviane Paiva
eventos@altabooks.com.br

Coordenação ADM/Finc.
Solange Souza

Direitos Autorais
Raquel Porto
rights@altabooks.com.br

Assistente Editorial
Caroline David

Produtores Editoriais
Illysabelle Trajano
Larissa Lima
Maria de Lourdes Borges
Paulo Gomes
Thales Silva
Thiê Alves

Equipe Comercial
Adriana Baricelli
Daiana Costa
Fillipe Amorim
Kaique Luiz
Maira Conceição
Victor Hugo Morais

Equipe Editorial
Beatriz de Assis
Brenda Rodrigues
Gabriela Paiva
Henrique Waldez
Marcelli Ferreira
Mariana Portugal

Marketing Editorial
Jessica Nogueira
Livia Carvalho
Marcelo Santos
Thiago Brito

Atuaram na edição desta obra:

Revisão Gramatical
Catia Soderi
Fernanda Lutfi

Capa
Monica Boher

Diagramação
Rita Motta

Editora afiliada à: ASSOCIAÇÃO BRASILEIRA DE DIREITOS REPROGRÁFICOS

ASSOCIADO: Câmara Brasileira do Livro

ALTA BOOKS EDITORA

Rua Viúva Cláudio, 291 – Bairro Industrial do Jacaré
CEP: 20.970-031 – Rio de Janeiro (RJ)
Tels.: (21) 3278-8069 / 3278-8419
www.altabooks.com.br — altabooks@altabooks.com.br
Ouvidoria: ouvidoria@altabooks.com.br

O que estão falando sobre
LIDERANÇA MOVIDA PELO PROPÓSITO

O tema deste livro traduz o propósito do próprio autor e, portanto, tem uma perspectiva que também é autobiográfica. Conheci o Fabiano na entrevista de seleção para o Mestrado Profissional em Gestão e Negócios — Unisinos. Desde lá, o foco no tema escolhido — *Liderança Movida pelo Propósito* — estava latente, e foi tomando forma e consistência à medida que sua pesquisa de dissertação se desenvolveu. O desafio de orientar é sempre um processo de tensionamentos necessários à transformação. Acompanhar o Fabiano nessa senda do mestrado permitiu muita troca e rica convivência em uma "linha de tempo" para além dos dois anos do curso, pois ele manteve-se atuante nas reuniões do nosso grupo de pesquisa, envolvido em nossos estudos sobre liderança e gestão de pessoas. Assim, esta obra fala da determinação do Fabiano em comunicar seu propósito, contribuindo, dessa forma, com a expansão de contextos organizacionais mais sustentáveis e com a formação de líderes mais conscientes, humanos e eficazes.

Patrícia Martins Fagundes Cabral, PhD, é professora e pesquisadora do Programa de Pós-Graduação em Gestão e Negócios e do Mestrado Profissional em Gestão Educacional e professora na graduação do curso de Gestão para a Inovação e Liderança na Unisinos.

Em meio a conflitos políticos, polaridade de ideias e uma pandemia global, o livro *Liderança Movida pelo Propósito* é um alento para vislumbrarmos o melhor lado do ser humano. Vivemos em um cenário de mercado cada vez mais competitivo, mas podemos perceber que não é necessário abandonarmos nosso propósito para termos sucesso em nossa carreira profissional. Inclusive, isso tem se demonstrado um grande diferencial competitivo.

Alinhada com o tema trazido pelo autor está a pauta *Environmental, Social and Governance* (ESG). Larry Flint, CEO da Blackrock, maior gestora de ativos do mundo, trouxe, em sua carta aos acionistas em 2019, a relação inextricável entre lucro e propósito. Cada vez mais se traz a importância da clareza de propósito das organizações e, consequentemente, de suas lideranças.

Neste livro, temos a oportunidade de entender os conceitos teóricos e práticos por meio da filosofia, do autoconhecimento e de exemplos de lideranças com propósito. Ele nos permite realizar uma reflexão individual do propósito, seu impacto nas organizações e nos demais *stakeholders*.

Acredito que temas com tamanha sensibilidade e importância sejam relevantes apenas quando são absolutamente verdadeiros. Fabiano Defferrari Gomes é um profissional inteiramente determinado a ajudar pessoas a terem um maior autoconhecimento e a serem mais felizes. A pesquisa, realizada ao longo de dois anos e cujos resultados são apresentados no livro, traz um rigor científico e, ao mesmo tempo, uma fantástica aplicação prática. Acredito que esta seja uma de suas grandes obras, com potencial enorme de impacto, que auxiliará no desenvolvimento de propósito para as lideranças.

Guilherme Braga é CEO da Egalitè.

Conheci o Fabiano em um momento de transformação em minha vida. Com ele, aprendi que é preciso método, disciplina e resiliência para se conseguir equilíbrio, pois este último lhe permitirá alcançar seus objetivos. Entretanto, para se buscar o balanceamento da vida, entender o que lhe faz bem, o que lhe é necessário ou até mesmo aquelas renúncias que devem ser feitas, você precisa de fato ter seus objetivos claros. Para isso, é imprescindível que você reflita sobre sua vida, seus valores e o que realmente lhe é importante neste curto e imprevisível espaço de tempo que passamos na Terra.

Eu sempre tive em mim uma força interna, um instinto, que foi superior a simplesmente obter conquistas materiais, que me motivava a acordar cedo todos os dias e deixar meu lar para trabalhar. A verdade é que eu nunca havia feito um trabalho de autoconhecimento para entender melhor meu propósito e o que realmente me estimulava a viver.

Após alguns anos de trabalho junto ao Fabiano, consegui ter mais clareza sobre meus objetivos nesta existência, assim como aprendi a renunciar às circunstâncias, pessoas e programas que não me levavam para onde eu queria chegar.

Quando consegui definir meu propósito de vida e o transformei em pequenas ações no dia a dia, me despertou a vontade de fazer o mesmo em minha empresa. Trazer à tona os valores, o que era realmente importante, o que deveria ser deixado de lado e aquilo pelo que valia a pena lutar. Isso traz tranquilidade e clareza para a tomada de decisões no dia a dia, assim como uma espécie de seleção natural do time como um todo, onde aqueles que não estão engajados com o propósito da companhia se afastam e aqueles que estão potencializam seus esforços. É impressionante ver a força que uma equipe com propósito tem para atingir seus objetivos, como isso traz identidade à empresa e facilita a tomada de decisão de pequenas questões no dia a dia.

Sou muito grato ao professor Fabiano Gomes por ter me aberto a mente para esse mundo, assim como fico muito feliz que ele, por meio deste livro, possa levar essa visão para mais pessoas e empresas.

Guilermo Zanon é CEO da Dufrio.

Dedico este trabalho à minha mãe (*in memoriam*), pela inspiração primeira e fundamental para jamais deixar a felicidade fora da equação da vida; com quem aprendi que a existência tem um propósito maior do que nascer, reproduzir e morrer.

Ao meu pai, com quem aprendi que sonhos são construídos com trabalho, foco e disciplina.

E à minha avó Alzira (*in memoriam*), de quem herdei o amor por ensinar.

AGRADECIMENTOS

É uma tarefa difícil agradecer sem me esquecer de todos que colaboraram e apoiaram este trabalho e a jornada de anos que o precedeu. Começo pela Tanara, companheira de vida, que me acompanhou e apoiou durante toda a caminhada, muito obrigado.

Agradeço à minha orientadora de mestrado, a professora Patrícia Martins Fagundes Cabral, que foi magistral como professora e se tornou amiga.

À minha equipe, que certamente trabalhou muito mais, pois eu sempre estava estudando.

Ao professor DeRose, pelo apoio incondicional a este projeto.

Às minhas amigas e alunas Carol e Fernanda, sem as quais eu não teria conseguido dar conta das entrevistas transcritas.

A todos os meus alunos, que compreenderam muitas das minhas ausências em sala de aula em função das pesquisas e estudos.

Aos meus colegas de mestrado, que nem sempre tornaram menos difícil a jornada, mas que certamente a deixaram mais leve e divertida.

Aos meus professores, pelas incontáveis provocações e conhecimentos transmitidos.

Aos amigos e familiares, para os quais tive menos disponibilidade para estar perto durante esses anos.

SUMÁRIO

APRESENTAÇÃO 15

PREFÁCIO – por **Alfredo Soares** 25

INTRODUÇÃO 29

CAPÍTULO 1
O AUTOCONHECIMENTO COMO CHAVE
PARA O PROPÓSITO 41

CAPÍTULO 2
TRAÇANDO OBJETIVOS 63

CAPÍTULO 3
UM POUCO DE FILOSOFIA 73

CAPÍTULO 4
COMO SÃO CONSTITUÍDAS AS ORGANIZAÇÕES
MOVIDAS PELO PROPÓSITO 91

CAPÍTULO 5
22 PESSOAS E UM PROPÓSITO 123

CAPÍTULO 6
O PROPÓSITO NA PRÁTICA 195

CAPÍTULO 7
UM APANHADO DAS IDEIAS E UM
CAMINHO À FRENTE 215

QUESTIONÁRIO 227

EPÍLOGO 239

REFERÊNCIAS 241

ÍNDICE 251

APRESENTAÇÃO

Este livro é o resultado de dois anos de investigação em empresas brasileiras movidas pelo propósito. A ideia era descobrir e investigar a importância e o papel da liderança nas empresas assim compreendidas, ou seja, movidas pelo propósito. Contudo, antes de começarmos, quero falar um pouquinho da minha jornada pessoal.

Minha motivação para a caminhada rumo à liderança movida pelo propósito começou muito antes de eu compreender o que é isso. Desde pequeno, eu tive uma grande sensação de inadequação, nunca me encaixei muito bem. Fui uma criança muito sensível, muito empática e carinhosa; e, quando somos assim, descobrimos, várias vezes da pior forma, que o mundo não nos poupa. Sempre tive uma sensação de que a minha existência neste mundo tinha que estar a serviço de alguma coisa, mas eu não sabia a serviço de quê. Porém, eu também tinha uma sensação de que o mundo podia ser melhor, de que as pessoas podiam se tratar melhor, de que a minha existência precisava estar vinculada a algo maior: eu precisava sair deste mundo deixando-o melhor do que quando cheguei.

Esta caminhada pela busca do propósito começou lá atrás, com 8 anos de idade. Eu era uma criança apaixonada por artes marciais, assistia aos filmes do Bruce Lee, do Van Damme, e aquilo fazia sentido para mim. Não sei bem se era a busca por um heroísmo, mas tudo fazia sentido. Parecia que, de alguma forma, eu poderia me tornar mais forte e proteger as pessoas. Então comecei o karatê, que agora pratico há 35 anos, e isso deixou uma marca muito forte na minha vida.

Outra coisa que me marcou bastante foi a fazenda e a lida com os animais. Foi muito importante para mim aquela vivência que envolvia não só o humano, mas todo o ambiente e a relação com os animais. Por exemplo, não adianta a gente querer brigar com um cavalo, que tem quase uma tonelada; precisamos administrar nosso próprio emocional e entrar em negociações com aquele bicho. Acabei competindo durante 14 anos com cavalos.

A partir dos 13 anos de idade, passei a buscar grupos de desenvolvimento, porque precisava de orientação. Além disso, fiz teatro, fui ator durante oito anos e tentei ser músico — toco bateria e percussão. Anos depois, me formei em Direito e em Psicologia, e fui morar na Alemanha — uma experiência espetacular. Conto todos esses detalhes, porque nessa jornada sempre estiveram presentes questões que envolviam o propósito: para que estou neste mundo, o que estou fazendo aqui, o que posso fazer para que a minha estada no mundo seja útil e interessante, para que eu não venha simplesmente consumir os recursos naturais e vá embora.

Após a conclusão das duas faculdades, me tornei professor do Método DeRose — que aborda a administração e o desenvolvimento pessoal —, e muitos anos depois, em 2016, entrei no mestrado profissional em gestão de negócios em uma cotutela da universidade Unisinos e da universidade de Poitiers, na França. O mestrado profissional e a construção do pesquisador fizeram com que eu mergulhasse no tema: como eu embarco no propósito, como entendo a liderança e como me torno líder de mim mesmo, de organizações e de times? Como ser líder na família, entre os amigos, e como fazer com que essa liderança tenha um sentido — essa foi a minha investigação.

Então começou a história deste livro, que se mistura muito com a minha história pessoal, porque busquei minha vida inteira por uma vida que valesse a pena, uma vida examinada, uma vida que fizesse sentido, que não fosse simplesmente uma passagem, ou aquela vida biológica que se resume a nascer, se reproduzir e morrer. Havia uma inquietação para que a minha existência pudesse estar a serviço das pessoas. Como professor e empresário, compreendi que o propósito encontrado na docência veio acompanhado do desejo de ter uma empresa sustentável. Eu queria mais do que apenas um trabalho que me desse dinheiro e uma profissão que me desse prazer.

O pilar fundamental que aprendi com o professor DeRose para a construção de uma empresa de educação foi a importância da filosofia, do conteúdo da empresa. O conteúdo é o sentido, é o propósito que dá sentido à empresa; e o único motivo de essa empresa existir é entregar propósito e conectar propósito. Uma coisa não fazia sentido para mim: por que montar uma empresa só para ganhar dinheiro? O dinheiro é fundamental, claro, mas a ideia não era essa, a ideia era viver com propósito. Eu almejava ganhar o sustento em função do meu propósito. Se o meu propósito for ajudar as pessoas a se desenvolverem e, uma vez que essas pessoas se desenvolvem, eu recebo por isso, nada mais justo. No fim, cria-se um ciclo virtuoso.

Como cheguei nesse ponto? Bem, eu sempre fui a pessoa que a família e os amigos procuravam para se aconselhar, para perguntar, para ouvir e confidenciar. Durante a minha formação, vi que o Direito não abrangia essas questões e que a Psicologia vinha ao encontro desse entendimento do ser humano. Por fim, o Método DeRose surgiu como uma ferramenta de entrega da transformação. Tudo isso deu forma a esse professor que hoje inspira as pessoas a ter uma vida que vale a pena.

O que é uma vida que vale a pena, uma vida extraordinária? É a vida examinada, a vida com sentido. É a busca do entendimento do significado da vida que nos leva à felicidade. E qual é a minha definição de felicidade? É caminhar com alegria e leveza na direção que faz sentido. A felicidade é o destino ou é a caminhada? Acredito que seja as duas coisas, não é binário. Eu descobri que desejo caminhar feliz, na direção que faz sentido para mim — quero caminhar na direção do meu coração e ser feliz na caminhada. E mais, conectar e agregar o máximo de pessoas ao longo dessa caminhada. Essa é a ideia.

Terminei o mestrado aos 41 anos com essa entrega, com este livro que você tem em mãos, que de uma maneira muito robusta resume a jornada da minha primeira parte da vida, com tudo que realizei, com tudo que acredito, tudo que sofri, tudo que ri, com os amigos que fiz e os que perdi. Nessa jornada, descobri recentemente que sempre houve um fio que ligava todos os meus questionamentos.

Ao fim deste livro, há um capítulo que ajudará você a entender os seus porquês: quem sou, o que estou fazendo aqui de modo individual e como aplico isso no grupo. Há duas questões importantes: primeiro ponha a máscara em você, primeiro descubra o seu propósito. Primeiro faça sua autorrealização, que é o que Maslow prega. Realize o seu potencial, descubra o seu porquê, encontre o sentido — mas esse não é o fim da história. A teoria clássica de Maslow, que muitas pessoas entendem erradamente, afirma que depois que você se realiza, você transcende. Quando você encontra seu propósito, isso não é o fim; porém, quando você transforma o propósito em impacto, quando você transcende a sua individualidade e entende que esse propósito pode estar conectado e a serviço do mundo, nós temos um ganha-ganha.

Hoje sou empresário e professor e descobri que preciso ter uma empresa movida pelo propósito, saudável, robusta e feliz. E, repito, ela tem um único objetivo de existir: ajudar as pessoas a se desenvolver, a encontrar o seu propósito, a transformar o propósito em impacto. Ou seja, o meu propósito pessoal, de uma maneira mais poética, enquanto professor e empresário — e essas coisas estão fundidas — é fazer com que você tenha uma vida muito mais extraordinária do que jamais sonhou, porque para mim não serve que você tenha a vida extraordinária que imagina, eu quero que você consiga atingir uma vida tão extraordinária que sequer imaginaria ser possível!

E para quem se destina este livro? Para você. Primeiramente, para as pessoas curiosas, inquietas com o sentido da vida, sendo líderes empresariais ou não. Qualquer pessoa que tenha curiosidade, que se questione, que queira sair da espuma da trivialidade, que está incomodada com a superficialidade da existência, com as questões da multiconexão do mundo e da desconexão humana — este livro é para você. É para você que é líder, que quer ser líder, que quer entender como embarcar o propósito na sua empresa e deseja se tornar um líder movido pelo propósito.

Quais os aspectos a serem considerados para que uma empresa movida pelo propósito seja construída? Quais os desafios a serem enfrentados? O que é preciso saber para permitir que o propósito seja encontrado, se manifeste e se realize? Caso você procure essas respostas, caso queira ser empresário, se tornar um empreendedor, ou caso já tenha uma empresa e entendeu que só o dinheiro não é uma solução e não engaja o suficiente, caso seja liderado em uma empresa e quer aprender a conectar o seu propósito pessoal com o propósito da empresa, este livro é para você.

A compreensão da vida extraordinária que nós almejamos dificilmente é atingida. Poucas pessoas conseguem alcançar e conquistar uma vida extraordinária. E não é por falta de conhecimento do mercado, não é por falta de conhecimento do mundo. É por falta de autoconhecimento. Portanto, este livro lhe ajudará a mergulhar em si mesmo e, então, transcender. Você é focado, tem uma visão empresarial, mas antes da empresa vem você. Você é a base da sua empresa. As pessoas constroem a empresa, e empresas são construídas por pessoas, para pessoas. Se você está trabalhando oito ou dez horas por dia e está desconectado do seu propósito, você está desperdiçando a vida.

Como você se beneficiará com este livro? Quais serão os resultados desta leitura? Como você lerá este livro? Ele deve ser um livro quando você começar a leitura e deve ser o **seu** livro ao terminá-la. Para isso, sugiro que pegue uma caneta, ou várias canetas, e vá escrevendo no livro, sem dó nem piedade. Escreva nas margens conforme a leitura avança. Você perceberá que as margens são amplas e que existe muito espaço livre. Isso é de propósito. Quero que você escreva seus *insights*, seus questionamentos, suas dúvidas, que coloque no papel aquilo que concorda e aquilo que discorda. Então, quando você terminar a leitura, cada página terá a sua cara.

Espero que você acabe a leitura deste livro com a compreensão de que, na liderança, o primeiro ato legítimo é liderar a si mesmo. O segundo é: todos nós somos líderes. Seja líder de si próprio. Durante a leitura, você deve sair da zona de conforto e pensar nas questões complexas; você precisa compreender profundamente o que é propósito, o que é uma empresa movida pelo propósito, quais as características dela. De posse dessa informação, você construirá a si próprio como uma pessoa movida pelo propósito. Enfim, a proposta deste livro é que você chegue ao fim da leitura com a consciência de qual é o seu propósito e como você o transformará em impacto. Nesse momento, você construirá o manual de instruções da sua própria vida.

Um dos exercícios que vou propor mais adiante é que você encontre os seus valores. Valores e propósitos são muito conectados. Proponho que você leia e escreva, pratique os exercícios, anote, rabisque, sublinhe. Além disso, você pode aproveitar os questionários propostos no livro e utilizá-los com seus funcionários ou com seus alunos.

Enfim, este livro se destina a nós, que não estamos satisfeitos com a superficialidade com a qual as pessoas estão vivendo. Se você quer enfrentar questões difíceis, se você quer ter uma vida extraordinária, este livro é para você. Mas, se você não está preocupado com nada disso e já está satisfeito com tudo, nesse caso, talvez, este livro não seja para você.

Boa leitura.

PREFÁCIO

Liderança apoiada no *team play*

por **Alfredo Soares**
autor dos livros *Bora Vender*
e *Bora Varejo*.

Falar sobre liderança é um imenso prazer. As grandes empresas, que estão no topo hoje, são comandadas por uma nova geração de líderes que entenderam que aquele modelo antigo de gerenciar uma equipe não tinha mais espaço. Temos ótimos exemplos no mercado: Fred Trajano, da Magalu; Cristina Junqueira, do Nubank; Rony Meisler, do

Grupo Reserva; Mark Zuckerberg, do Facebook, entre outros.

Durante muito tempo, quando se pensava em liderança, o exemplo que vinha à cabeça era a presença do chefe. Aquela pessoa que tinha uma sala exclusiva, trabalhava de portas fechadas para não ser interrompida, era conhecida pelo medo que despertava nas pessoas, não demonstrava empatia pelos seus subordinados (sim, a equipe era chamada dessa maneira) e suas ordens deveriam ser seguidas sem questionamento. Havia um ar meio monárquico na sua figura.

Mas os tempos são outros e esse modelo antigo de gestão de pessoas está ficando para trás, porque ele não encontra mais aderência no mundo moderno e inovador que temos hoje.

Sai o chefe, entra o líder. Aquele profissional ancorado no *team play*, ou seja, na importância da atuação em equipe. Sua mesa está no meio do escritório, ele se coloca ao lado dos colaboradores, ouve suas ideias e problemas, luta com eles e sabe tirar o melhor de cada um de seu time. Seus objetivos ainda são o crescimento e a lucratividade da empresa, mas ele sabe que pode fazer isso sem extrair o "sangue" das pessoas. O colaborador tem voz ativa, autonomia e participa das decisões.

À frente disso tudo está o propósito. É isso que move o líder e o faz acreditar nas ações que todos os dias geram impacto positivo ao seu redor. O propósito é algo tão importante que é capaz de influenciar na motivação do time e, até mesmo, no sucesso dos negócios. A PwC mostrou isso em um levantamento. Os dados colhidos apontaram que 79% dos líderes acreditam que o propósito é fundamental para o sucesso dos negócios.[1] O Tallis Gomes, meu sócio na Gestão 4.0, empresa que discute justamente esse novo jeito de fazer gestão, fala algo em que eu acredito muito. Ele diz que as pessoas precisam "fugir do babaca brilhante". Segundo o Tallis, se o gestor for um babaca, que desestabiliza a equipe, que só pensa em meta, em vencer passando por cima dos outros, ele pode ser um gênio, mas, mesmo assim, não vale a pena para o seu grupo ou a sua empresa.

Agora eu quero saber de você: que liderança é a sua? Você ainda é aquele que acha que precisa viver cheio de privilégios no comando da equipe ou prefere estar ao lado dos seus colaboradores seguindo o seu propósito? Independentemente de sua resposta, se está

---

[1] PwC. *Putting Purpose to Work: a study of purpose in the workplace*. Acesso em https://www.pwc.com/us/en/purpose-workplace-study.html.

lendo este livro, você tem interesse em aprender cada vez mais. E isso já é muito bom.

Este livro não surgiu do nada. Há anos Fabiano fala sobre liderança e, ao escrever estas páginas, ele não se contentou somente em entregar o que já sabia, mas foi a campo, estudou ainda mais o assunto, visitou empresas e conversou com gestores movidos pelo propósito para traçar o perfil do líder do futuro. Este livro é uma verdadeira cartilha para você se tornar um *state of the art*[2] em liderança ancorada no propósito.

Já deu para entender que não dá para ficar fora desse movimento. Então, leia o livro, faça os exercícios propostos e não se esqueça: quando você for definir seus próximos OKRs,[3] inclua a sua equipe no processo. Juntos, vocês serão mais fortes. Pode ter certeza.

Bora seguir em frente!

----

[2] *State of the art* é o termo usado para designar um nível alto de desenvolvimento em alguma área, seja técnico ou científico (N.E.).

[3] OKR é uma metodologia de gerenciamento criada por Andrew S. Grove e popularizada por meio da sua utilização pelos funcionários do Google. Trata-se de uma fórmula de dois componentes: os objetivos (O) da organização e os resultados-chave (KR), que são as metas que levarão a organização até esses objetivos.

INTRODUÇÃO

Quando se fala em liderança, seja no âmbito da gestão dos negócios, da administração de empresas, ou da governança, existe um consenso em relação à relevância do tema no mundo corporativo. Muitas são as abordagens sobre o assunto, muitas são as propostas sobre papéis, as condutas e as estratégias para a construção de uma liderança que seja lucrativa para as organizações e que gere o retorno esperado pelos investidores. Mas quais são as qualidades que definem os melhores líderes?

Os líderes que aparecem na capa da *Times* ou da *Forbes* e transformam-se em celebridades graças ao carisma e à maneira como se apresentam ao mundo não são os que trazem mais ganhos para a empresa ou para os acionistas. Eles têm a compreensão de que há uma causa maior para o trabalho e para a organização, um propósito que move tudo o que se faz. São líderes que colocam esse propósito na frente dos lucros em suas decisões diárias.

O foco exacerbado no lucro a qualquer custo tem se mostrado cada vez mais distante da realidade e não conversa mais com as necessidades dos tempos de hoje. Diversos escândalos de corrupção em responsabilidade empresarial têm levantado discussões sobre o assunto e impactado seriamente a sociedade e sua percepção sobre o tipo de práticas que se espera das corporações.

As organizações comandadas por líderes movidos pelo propósito — homens e mulheres comuns na maneira de ser — produzem, de forma disciplinada e em silêncio, resultados extraordinários.[4] O propósito é parte fundamental da liderança, de acordo com os estudos do especialista em gestão James Collins publicados no livro *Empresas feitas para vencer* [*Good to Great*]. Segundo o autor norte-americano, as empresas com propósito e valores fortes, além de darem lucro, o que fazem muito acima de seus pares, apresentam a liderança com propó-

----
[4] Collins, 2015.

sito como um grande diferencial competitivo, que gera ótimos resultados financeiros e de sustentabilidade.

Para começar, o primeiro capítulo será dedicado a exercícios práticos, atividades de perguntas e respostas que você pode fazer antes e depois da leitura deste livro e comparar suas respostas. Sugerimos também que você repasse esses exercícios para sua equipe de trabalho, a fim de que o desenvolvimento do propósito seja acessível a todos.

Para analisarmos a fundo a responsabilidade social e a ética das empresas, a justa medida entre interesse corporativo, social e individual, vamos prosseguir traçando objetivos específicos para este livro:

a. Compreender de que forma a liderança se manifesta, é construída e transmitida nas empresas movidas pelo propósito.

b. Compreender quais são os contextos dinâmicos organizados (BAs) nos quais o propósito se cria, é manifestado e transmitido.

c. Identificar os desafios de liderança nas organizações movidas pelo propósito.

d. Apontar caminhos para o desenvolvimento da liderança movida pelo propósito.

No Capítulo 2, além de apresentarmos e discutirmos esses objetivos, começaremos outro exercício de autoconhecimento, um questionário baseado em perguntas-chave para avaliar o comportamento do líder que almeja construir uma cultura empresarial fundamentada no propósito.

No Capítulo 3, aprofundaremos a compreensão do propósito a partir de alguns conceitos filosóficos e questionamentos que o líder deve se fazer em busca de um modelo de gestão baseado em qualidades, como consciência, respeito, moralidade, visão e discernimento.

No Capítulo 4, veremos como são constituídas as organizações movidas pelo propósito e como essas empresas e líderes se mantêm fiéis aos seus valores e às pessoas, com uma grande preocupação em construir os lucros mantendo uma atenção extrema ao cuidado com os outros. Discutiremos seis valores fundamentais para que a empresa seja considerada movida pelo propósito: dignidade, solidariedade, pluralidade, subsidiariedade, reciprocidade e sustentabilidade.

No Capítulo 5, será apresentada uma pesquisa de campo realizada com líderes e liderados de empresas movidas pelo propósito para ajudar a sanar a lacuna existente na compreensão da finalidade do propósito corporativo.

No Capítulo 6, tendo em mente o contexto de trabalho das empresas movidas pelo propósito após observarmos as declarações que transparecem o comportamento de líderes e liderados, veremos os desafios e os obstáculos enfrentados pelas lideranças para colocar o propósito em prática da forma mais eficiente possível.

Por fim, no Capítulo 7, será feita uma retomada dos objetivos propostos inicialmente, para que, após todas as considerações e reflexões, possamos conscientemente apontar caminhos para o desenvolvimento da liderança movida pelo propósito.

Mas, afinal, o que é uma liderança movida pelo propósito?

Propósito não é a palavra mais comum que vem à mente quando estamos pensando e falando sobre liderança. Propósito é um conceito maior e deve ser interpretado de maneira ampla; tem várias camadas de significado que devem ser aprofundadas se realmente desejamos compreender o que é liderar com propósito. A construção da liderança não começa de maneira formal dentro de uma organização, mas sim como um processo que nasce internamente no indivíduo e expande-se em um diálogo com a sociedade.⁵ A liderança, além de social e relacional, traz um conhecimento de si mesmo, passa pela construção da própria identidade, bem como instiga o indivíduo a encontrar o seu lugar na sociedade. Portanto, a liderança também é um processo de autoconhecimento e de profunda investigação quanto aos valores, as forças e as fraquezas que cada indivíduo possui.⁶

O propósito traz o discernimento e a capacidade de deliberar não apenas sobre o que é certo e justo para si, mas também para os outros. O entendimento filosófico desse conceito enfatiza a noção social do propósito como algo que supera o plano individual e avança para a coletividade. Ele é intrínseco e não pode ser imposto — é uma escolha personalíssima. Mas isso não impede que as organizações sejam dotadas de um propósito que integre o individual e o social.

A construção da liderança movida pelo propósito passa pela gestão de interesses muitas vezes conflitantes: os da empresa, os da sociedade e os do indivíduo. Os líderes movidos pelo propósito aceitam reduzir o

----
⁵ Marques, 2017.
⁶ Drucker, 2005.

crescimento da organização com o intuito de preservar o seu senso de propósito e sua singularidade.[7] Transformar esse propósito em impacto é uma das grandes questões que envolvem a liderança. O propósito é uma das chaves para navegar no complexo, volátil e ambíguo mundo de hoje. E, para que o impacto do propósito realmente aconteça e para que haja criação de valor, o propósito e os valores devem ser compartilhados entre líder, liderados, organização e sociedade.[8]

Estudos têm demonstrado que a compreensão do propósito de cada um e de seu papel dentro da organização é altamente significativa para a construção de empenho e, consequentemente, de resultados.[9] Uma vez atingida essa compreensão, tanto líderes quanto liderados buscam aplicar seus valores em tudo o que fazem, sem diferenciação entre o aspecto pessoal e o profissional, pois o propósito está profundamente enraizado dentro de cada um e ajuda a compreender de que forma suas ações terão impacto no mundo.[10] O propósito está mais relacionado ao porquê do que ao

----

[7] Mitroff, 2016.
[8] Porter; Kramer, 2011.
[9] Berg, 2017.
[10] Marques, 2017.

"como se faz" ou ao "o que se faz"; assim, ele funciona como uma forma de tomada de consciência sobre o que é valioso e importante na vida de cada um e serve como um guia para todas as decisões tomadas dentro e fora da empresa.[11]

E como se dá o desenvolvimento de líderes? Primeiramente, é preciso torna-se líder de si mesmo, para, só então, liderar outras pessoas.[12] Liderar a si mesmo é o ponto exato em que a liderança começa, e esse é um conceito fundamental para a compreensão da essência da liderança. A verdadeira liderança movida pelo propósito e por valores não se separa da vida, ou seja, a liderança com propósito ocorrerá na corporação e na vida particular com os mesmos valores. Ela faz parte da identidade e da constituição das pessoas, sem distinção de uma ética privada, uma corporativa e outra social.[13] O propósito é um dos elementos fundamentais da liderança; a combinação dele com paixão, oportunidade e espaço pode incentivar tanto indivíduos como organizações a construírem as melhores versões de si mesmos.

- - - -
[11] Craig; Snook, 2014.
[12] Manz; Sims, 1991.
[13] Marques, 2017a.

A professora de gestão da Universidade de Illinois, Sangeeta Parameshwar, destaca de que maneira líderes transformacionais construíram a si próprios e a seu propósito maior em razão de sofrimentos que passaram em suas vidas e, graças a isso, desejam servir àqueles que passaram pela mesma situação. Dessa forma, fica claro que o sofrimento exacerba a construção de um propósito tanto individual quanto coletivo.

Em um outro estudo, feito na Universidade de Oakland, foram entrevistados 19 líderes movidos pelo propósito que concordaram que a pessoa deve vivenciar um grande desafio ou uma crise maior para embarcar na busca de seus valores, de seu propósito maior e da criação de um trabalho que realmente tenha significado.[14] A questão fundamental não é que o sofrimento, a crise ou o desafio criam o propósito, mas que, quando esses se apresentam, o propósito e os valores são colocados à prova e, a partir de então, as decisões, as escolhas e os atos de liderança passam a ser movidos pelo propósito e baseados em valores. De qualquer forma, em ocasiões de sofrimento, o líder deve unir as pessoas na direção de uma visão compartilhada ou propósito.[15]

----

[14] Haskell, 2015.
[15] Kotler, 2006.

Já Nick Craig e Scott Snook, professores da Harvard Business School, argumentam que há um aumento no interesse pelo tema da liderança movida pelo propósito por múltiplos vieses: o acadêmico, o dos negócios, o da psicologia e, até mesmo, o da medicina. Eles afirmam que o propósito incrementa o sucesso, o atingimento de metas e ainda proporciona uma vida com mais significado e felicidade. Apesar disso, em uma pesquisa apresentada no mesmo artigo,[16] os professores comprovam que menos de 20% dos líderes têm clareza de seu propósito individual, apesar de terem consciência, em sua maioria, da importância disso. Ainda demonstram que há uma cisão entre os propósitos pessoais e os organizacionais — estes últimos os líderes conseguem identificar claramente, ao passo que, no âmbito pessoal, a clareza é pífia. De qualquer forma, Craig e Snook são categóricos ao afirmar que o propósito é a chave para navegarmos neste complexo mundo em que vivemos, no qual as estratégias mudam constantemente e a noção de certo e errado não é mais tão óbvia quanto era antigamente. Ao falhar em identificar com clareza o propósito da liderança, o líder torna-se inábil para de-

----

[16] Craig; Snook, 2014.

senvolver e seguir um plano, para atingir as metas desejadas, tanto na esfera pessoal quanto na profissional.

Em resumo, um líder que não saiba articular soluções para seus clientes, acionistas, e também para os colegas e a sociedade, não é um bom profissional. Os líderes, principalmente os gestores seniores, devem ser profissionalmente competentes para colocar seus talentos e suas habilidades a serviço da empresa e dos indivíduos. Esses líderes devem ter a consciência de que não existirá resultado financeiro sustentável no longo prazo se não cuidarem adequadamente das pessoas — e isso inclui os clientes, os liderados e a sociedade em geral. A liderança com propósito é um processo de geração de significado; é um processo de autoentrega e de autoconhecimento.[17]

No Capítulo 1, faremos exercícios de autoconhecimento para auxiliar no desenvolvimento da liderança com propósito.

---

[17] Jordi, 2010.

CAPÍTULO 1

O autoconhecimento
como chave
para o propósito

Um dos primeiros passos para que nosso propósito seja compreendido é fazermos a nós mesmos algumas perguntas profundas: qual é o sentido da minha existência? Por que estou aqui? Depois de responder a essas e às demais questões propostas neste livro, você já terá feito a reflexão sobre o seu propósito e chegado à resposta para a pergunta crucial: quem sou eu?

Mas não precisamos começar pelas perguntas mais difíceis. Proponho começarmos com este exercício: volte à época em que você tinha 20 anos. Se você tem 20 anos hoje, volte à época em que era criança, lá pelos 10 anos. Oscar Wilde dizia: "Não sou mais tão jovem a ponto de saber tudo." Então, munido dessa certeza infantil, tente lembrar:

quais eram as coisas que você tinha certeza quando era pequeno? O que você amava fazer? Escreva abaixo tudo do que você gostava: jogos, hobbies, esportes, eventos extracurriculares, matérias da escola nas quais você ia bem. Escreva todas as coisas que faziam seus olhos brilharem, que traziam uma empolgação tão grande que você não conseguia parar de pensar nelas.

....
....
....
....
....

Para conhecer o seu propósito, você precisa se conectar com o seu coração, com as coisas que você gosta de fazer. O sentido está no coração, na busca pela felicidade, em algo maior do que nós.

Encontre aquelas coisas pelas quais você tinha obsessão quando era mais jovem, porque, conforme crescemos, começamos a ouvir as pessoas, a ouvir os adultos, a ouvir a sociedade, e passamos a nos julgar.

E chega um ponto em que introjetamos a pior pergunta — a pergunta que mata o nosso propósito: "O que as pessoas vão pensar?" Nós não conseguiremos descobrir o propósito se estivermos paralisados por julgamentos. Precisamos de ousadia, precisamos de risco. Quando somos jovens, não temos muita noção dos riscos, então ousamos mais, temos mais certezas, nos apaixonamos. Quando você era mais jovem, o que você podia ficar horas e horas fazendo?

....

....

....

....

....

Outra pergunta importante a ser feita neste exercício é: quais eram as suas inclinações naturais e internas? O que naturalmente você fazia? Algo que você e todo mundo sabia que o deixava muito feliz. Tente lembrar, ou pergunte para o pai ou a mãe. Escreva tudo isso nas linhas a seguir. Não se julgue, se liberte e escreva, mesmo que ocupe uma folha inteira. Nós precisamos nos fazer essas perguntas e respondê-las, porque o que não é externalizado, se a música não é tocada, vira amargura. Você ficará se culpando: podia ter feito isto, devia ter feito aquilo. Ou, pior, você pode colocar a culpa em alguém.

Com esse exercício, relacionamos a vida pessoal com o trabalho. Você traduzirá os seus valores pessoais para o seu trabalho. Isso faz parte da liderança movida pelo propósito, pois não pode existir uma cisão entre valores e trabalho. Você não pode deixar os valores em casa e ir trabalhar sem eles.

Agora, proponho um segundo exercício, que faz parte das técnicas de modelagem de negócios. São exercícios originalmente propostos no livro *Business Model You*, do autor Tim Clark, que é uma excelente referência. Você tentará encontrar os seus múltiplos papéis no mundo. Sugiro que você escreva a seguir dez papéis diferentes que você desempenha na vida, por exemplo: marido, pai, professor, empreendedor, tio, filho, irmão, escritor, palestrante, músico. Isso responde quem você é. Depois, você irá pensar e escrever o que o empolga em relação a cada um desses papéis. Por exemplo: como marido, o que me empolga? É o amor, o sexo, a família e o companheirismo. Como professor, é ajudar os outros a evoluir, a explorar os mistérios da vida e exercitar as habilidades. Como empreendedor, é o entusiasmo e a alegria de criar coisas novas. Como escritor, é a autoexpressão, o reconhecimento, o prazer de pesquisar. Como irmão, é manter os laços familiares. Como palestrante, é dar voz ao conteúdo para o mundo, e assim por diante.

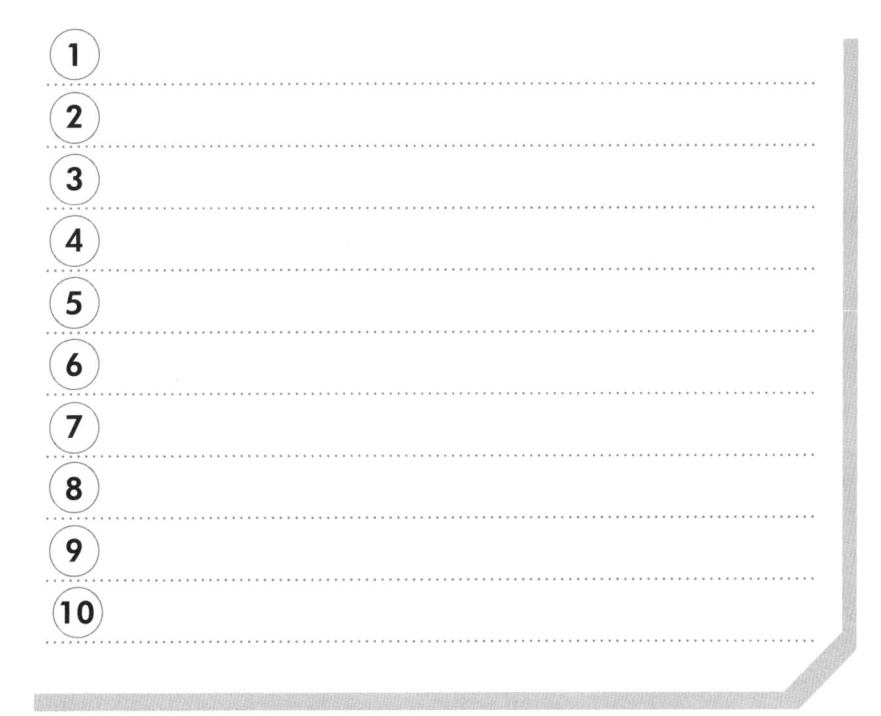

1. ....
2. ....
3. ....
4. ....
5. ....
6. ....
7. ....
8. ....
9. ....
10. ....

Após a elaboração dessas respostas, sugiro que na próxima página você anote os denominadores comuns. Você irá investigar quais são os denominadores comuns entre todos esses papéis e escrevê-los. Então teremos o fio de Ariadne, que unirá o que há de mais profundo em cada um desses papéis, e você perceberá que tudo o que faz é permeado por isso, por uma essência única que se manifesta em todos os papéis exercidos na sua vida.

DENOMINADORES COMUNS

Essa é a primeira parte da construção de uma empresa movida pelo propósito — por enquanto, estamos trabalhando só em você. Primeiro você precisa descobrir o que desperta sua paixão, depois deve compreender no que pode ser muito bom, e do que o mundo precisa. Assim, será criada uma interseção entre todos os aspectos.

Este é o próximo exercício: você fará uma linha da vida. Comece lá atrás na sua vida e tente recordar

	Karatê	Plantar	Competir		
Linha da Vida	●	●	●		altos
Fabiano	●		●		baixos
	bullying		Perdi provas e machuquei meu cavalo		

sua primeira lembrança marcante. Você identificará pontos marcantes na sua vida e irá indicá-los escrevendo acima e abaixo da linha reta — o que for positivo, você coloca acima da linha; abaixo, você marca os pontos negativos. Por exemplo: meus colegas na escola começaram a fazer *bullying* comigo — essa lembrança deve ser marcada abaixo da linha. Comecei fazer karatê — isso será marcado acima da linha. Comecei a plantar e a competir a cavalo — acima da linha. Perdi provas e machuquei meu cavalo — abaixo da linha. Dessa forma, você vai marcando os pontos, desde a memória mais remota até hoje. Em seguida, você identificará todos os pontos acima da linha e escolherá os cinco melhores, os cinco momentos extraordinários da sua vida. Anote-os. Descreva esses eventos com clareza de detalhes. Ao fim desses três exercícios, você conseguirá identificar os seus interesses e o que há em comum nas coisas que fazem você feliz. O próximo passo é trabalhar em como essas atividades que despertam seu interesse podem fazer diferença, como conectá-las com o mundo para que estejam a serviço das pessoas.

Linha da Vida	altos
Você	baixos

O nosso propósito estará nesta perspectiva: naquilo que nos faz bem, naquilo que nos encanta e na transmissão de tudo isso para as pessoas. Como líder, você usará essa ferramenta e abrirá espaços para que o emocional de todos seja trabalhado. Para transformar a empresa, para que ela se torne movida pelo propósito, essas ações precisam ter espaço e continuidade.

Uma dica para as empresas é fazer, por exemplo, um clube do livro, abrir um espaço para a reflexão, para as pessoas se reunirem para ler. A sugestão é fazer uma proposta coletiva, e que o clube se reúna com regularidade para estudar livros que façam pensar. Podem ser organizadas sessões para que o grupo debata o conteúdo dos livros. No fim deste livro há uma vasta bibliografia, com sugestões e leituras provocativas, que lhe ajudará a pensar sobre a vida.

Idealmente, após realizar sua investigação individual, você deve fazê-la coletivamente, em grupos de discussão, em cafés filosóficos, *happy hours*. Implementar com regularidade esses aspectos filosóficos na sua empresa faz muita diferença. Todas as perguntas que faço para você ao longo deste livro podem ser feitas para as pessoas que você lidera e para seus colegas.

O próximo passo é: como conectar o trabalho com o propósito? Que papel o seu trabalho desempenha na sua vida hoje? Você trabalha em um emprego, em uma carreira? É uma vocação, uma realização ou uma combinação de todas essas coisas? Você está feliz com o seu trabalho?

Maslow disse a seguinte frase: "Não é normal saber o que queremos, é uma realização psicológica rara e difícil." Por isso, tão importante quanto fazer essas perguntas difíceis é fazê-las com disciplina e regularidade, pois as coisas mudam, seus interesses mudam.

O próximo exercício é muito interessante, e também é baseado no livro *Business Model You*, utilizado como referência no Vale do Silício e em empresas de todo o mundo. O exercício se chama "Você matéria de capa". Ele foi criado por David Siebert, que trabalha há muitos anos com modelagem de negócios. A ideia é ajudar as pessoas a ligar o propósito a interesses fundamentais. Funciona assim: imagine que você saiu na capa de uma revista. Agora responda às seguintes perguntas:

Que revista seria essa?
....
....
....
....

Qual seria o mote dessa revista? Seria um periódico? Uma revista científica ou uma revista de fofoca?
....
....
....
....

Por que o convidaram para aparecer nessa revista?
....
....
....
....

Qual seria a manchete dessa edição?
....
....
....
....

Imagine que você está dando uma entrevista para a revista em questão e pense em citações suas. Que frases estariam em destaque na sua entrevista?
....
....
....
....

Para quem se dirigiria a entrevista?
....
....
....
....

Você pode fazer esse exercício individualmente, como uma prática pessoal do empreendedor, mas depois faça-o em grupo, ou mesmo em pequenos grupos. Os participantes podem anotar seus pensamentos e depois discuti-los em grupo, porque o propósito sempre passa pelo outro. Sem dúvida, após analisar as respostas, o propósito surgirá muito mais claro.

Para complementar esse exercício, sugiro que você responda mais três questões:

1) Pense sobre as várias vezes que você se sentiu realizado. Volte para o exercício da linha da vida e lembre-se do que você estava fazendo. Por que foi tão bom? Descreva esse sentimento o mais detalhadamente que puder.

....

....

....

....

....

② Cite uma ou mais pessoas que admira. Por que você admira essas pessoas? Escreva várias palavras que descrevam essa pessoa. Que valores e ações dessa pessoa você admira?
....
....
....
....
....

③ Como você gostaria de ser lembrado por seus amigos depois que partir?
....
....
....
....
....
....
....

Todas essas reflexões farão com que você chegue mais próximo do seu propósito. E por que eu peço que você escreva essas reflexões? Porque dessa forma você irá elaborar sua declaração de propósito. Pouco a pouco, você irá construí-la, montando essa matriz, que deve abranger três âmbitos. Basicamente: **o que** você faz, **para quem** você trabalha e **como** você faz isso.

DECLARAÇÃO DE PROPÓSITO

O propósito pode mudar? Na verdade, ele deve ser essencialmente sempre o mesmo, mas a sua declaração de propósito pode ir mudando, você irá aperfeiçoá-la com o tempo. Você deve revisar sua declaração de propósito constantemente.

É importante deixar claro que, quando a gente fala de propósito, não estamos falando sobre dinheiro. É sobre valores, é sobre como você e sua empresa podem fazer diferença na vida das pessoas. Uma das principais descobertas que surgiu durante a pesquisa, que deu origem a este livro, foi que uma das formas de impactar o mundo à nossa volta é ter um propósito verdadeiro. Portanto, sua declaração de propósito deve encantar, engajar e promover inspiração no seu time. Uma vez que o seu time percebe que há um propósito maior para existir, a transformação começa.

Há duas perguntas simples que você pode fazer enquanto líder para os seus liderados: quais são os seus sonhos? Como a nossa empresa pode ajudar você a realizar os seus sonhos? Tenha esse diálogo provocativo com seus liderados, pois é assim que se descobre o propósito. E, quanto mais propósito, menos necessidade de controle.

Por que muitos executivos e líderes evitam o desenvolvimento do propósito pessoal e corporativo? Ora, porque dá trabalho. E você só terá certeza da existência do propósito se ele for colocado à prova. Um propósito que não foi colocado à prova, que não passou por uma crise, dificilmente trará convicção. É claro que você não precisa esperar uma crise para aprofundar seu propósito, mas você precisa mergulhar nele. Como fazer isso?

Se você tem um propósito, uma das coisas que precisa fazer ao contratar, ao trazer pessoas para sua equipe, é inspirar essas pessoas. Se você não acredita nas pessoas com quem trabalha, tenho más notícias para você. O fato de você não acreditar na sua equipe significa que ela não realizará nada. O primeiro passo para construir times com pessoas inspiradas é acreditar na equipe. Colocar o foco no talento, desenvolver as pessoas e abrir esses espaços de qualidade. Se você já descobriu o seu propósito, então é a vez de fazer com que sua equipe o descubra. Caso você não queira fazer isso pessoalmente, contrate um *coach*, um professor, procure pessoas que possam ajudá-lo. Ou leia este livro! Se você seguir este passo a passo, se ler este livro coletivamente, provavelmente ajudará as pessoas a descobrirem o propósito delas.

As perguntas básicas que você fará aos seus liderados são: o que move você? Por que você está aqui? O que você deseja fazer? Todas as perguntas que fiz para você individualmente, agora você deve abrir espaços formais, uma vez por semana, a cada 15 dias, para fazê-las coletivamente, para descobrir por que as pessoas estão com você.

Nessa caminhada, você precisa reconhecer a autenticidade das pessoas. Como líder, você deve descobrir o que cada uma delas tem de único para oferecer à sua empresa. Faça as seguintes perguntas a elas e para você mesmo também: do que o mundo sentiria falta se você deixasse de existir? Do que o mundo sentiria falta se a sua empresa deixasse de existir? As respostas estarão conectadas com o propósito. Se a sua resposta tiver um teor negativo, esforce-se para se tornar alguém que pudesse fazer falta para as pessoas, transforme a sua empresa em algo que as pessoas pudessem sentir falta. Para que isso aconteça, você precisará deixar um espaço na agenda para a disciplina e a constância.

Um aspecto importante do propósito corporativo é estimular o aprendizado e o autodesenvolvimento.

Você já começou com seu desenvolvimento pessoal, mas só o seu não basta. É preciso estimular sua equipe e deixar claro que treinamento é fundamental. Empresas movidas pelo propósito são organizações que têm a educação e o aprendizado como ponto central. Sua equipe precisa estar constantemente sendo treinada e estimulada; o aprendizado é fundamental. Você está estimulando o seu time a aprender e a se desenvolver? Sim ou não? Se não está, comece. Se sim, como isso está sendo feito? Por pura formalidade ou você realmente está envolvido com esse processo?

Outro passo para sua empresa se tornar uma organização movida pelo propósito é transformar as pessoas à sua volta em *powerful human beings* — o famoso empoderamento. Você precisa dar autonomia, dar força, construir, delegar, educar. Cerque-se de pessoas poderosas. Sem isso, sua empresa não se realizará.

Você confia nas pessoas com quem trabalha? Elas confiam em você? Essas pessoas iriam para a guerra com você? Você precisa promover conexão e interação entre as pessoas. Pode ser de um modo formal, ou pode ser informal, mas precisa haver disciplina. Faça um *happy hour* no fim do dia, um almoço coletivo — se conecte com as pessoas, se interesse pela vida delas. A empresa movida pelo propósito transcende a empresa e se torna uma comunidade de alta performance.

Além disso, permita que a energia criativa flua. Não existe inovação nem empresa criativa e poderosa que não tenha espaço para a criatividade, para as pessoas criarem e se manifestarem. Permita que as pessoas deem ideias! Contudo, quando você abrir espaço para as pessoas falarem e darem *feedback*, para que digam o que pensam, você estará realmente disposto ou disposta a encarar a verdade nua e crua? Você precisa se fazer essa pergunta. Se você não estiver disposto a encarar a verdade e assuntos difíceis, você não transformará sua empresa em uma empresa movida pelo propósito. De nada serve varrer os problemas para baixo do tapete — você precisa se fazer essas perguntas. Ao conhecer melhor as pessoas na sua empresa, surgirão oportunidades para colocar os talentos a serviço do propósito. Nós temos muitos talentos nas nossas empresas, mas estamos aproveitando esses talentos? Permitimos que as pessoas se destaquem?

Toda essa construção custa muita energia, esforço e envolvimento. Mas como saber que estamos no caminho certo? Tudo dependerá do quão fundo você quer ir e do quanto você quer se desenvolver. Oitenta por cento dos líderes estão conscientes da importância do propósito, mas apenas vinte por cento deles conhecem seu propósito pessoal. Ou seja, não é um caminho fácil.

No próximo capítulo, traçaremos objetivos para que fique claro o trajeto a ser percorrido até o propósito. Iniciaremos outro exercício de autoconhecimento, um questionário baseado em perguntas-chave para ajudá-lo a chegar lá.

ANOTAÇÕES

CAPÍTULO 2

Traçando objetivos

*Os dois dias mais importantes da
sua vida são o dia em que você nasceu
e o dia em que você descobriu para quê.*

— Mark Twain

Nos estudos de liderança, o propósito aparece, na maior parte das vezes, de forma implícita; a literatura, muitas vezes, falha em abordá-lo de forma clara. Isso não quer dizer que ele não seja importante para quem se dedica ao tema, mas ele aparece permeando as discussões como algo subentendido. O propósito, no âmbito da liderança, deve ser estudado de maneira a desvelar, fazer emergir os conteúdos latentes. Aprofundar as pesquisas da liderança com propósito e compreendê-la de maneira mais ampla pode sanar o vácuo de propósito que existe nas organizações.[1]

[1] Kempster; Brad; Conroy, 2011.

O propósito das empresas está no nível tácito do conhecimento. O professor Ikujiro Nonaka, listado em 2008 pelo *Wall Street Journal* como uma das pessoas com as ideias mais influentes na área de negócios, postula que, para que o propósito tácito realmente se traduza em resultado explícito, há de se avançar para o que ele chama de *phronesis*, um conceito inspirado na filosofia aristotélica que significa sabedoria prática.[2] A frônese é uma concepção dialógica do entendimento e, no âmbito da liderança, pode se refletir em um equilíbrio dinâmico entre interesses externos — como lucro, interesses dos acionistas, faturamento, vendas — e interesses internos — como valores, ética, significado, propósito —, de forma a manter a sustentabilidade e a longevidade da empresa.[3]

Nonaka argumenta que o que se gerencia não é a experiência, mas sim os contextos nos quais as experiências ocorrem, chamados de *BAs*. *BA* é um espaço no qual acontecem interações, trocas de conhecimento, onde se criam e constroem-se relações. *BA* é uma expressão japonesa que significa contexto dinâmico

----

[2] Nonaka, 2012.
[3] Takeuch; Nonaka, 2014.

organizado.⁴ Os *BAs* não precisam ser formais; podem, sim, surgir em um bar ou na copa da empresa, gerando uma interação espontânea, capaz de ser transformada em *insights* e soluções.

O líder deve estar sempre envolvido na criação de oportunidades para que os altos executivos aprendam uns com os outros. Assim, é parte fundamental da liderança provocar e proporcionar o estabelecimento de *BAs*. A liderança é uma construção relacional e compartilhada, complexa e dinâmica,⁵ diretamente ligada ao contexto no qual as pessoas interagem. Por isso, a liderança é inseparável da interação, seja no mundo físico ou no virtual. Esses ambientes — os *BAs* — formais ou informais, são propostos por Nonaka como uma forma de se gerenciar significado e conhecimento. Desse modo, estabelece-se a construção da cultura de liderança em todos os níveis da organização.

Em outras palavras, a liderança pode ser vista produtivamente como um processo de criação e gestão de significado. A liderança é apontada como um processo que tem três estágios para a construção de significado:⁶

• • • •
⁴ Nonaka, 2014.
⁵ Avoilo; Walumbwa; Weber, 2009.
⁶ Kempster; Brad; Conroy, 2011.

- Dar contexto.
- Interpretar a importância do contexto.
- Gerar significado e motivar as ações dentro do contexto.

A descoberta do propósito é uma realização transformadora, mas encontrá-lo nunca é tarefa fácil.[7] Nós não temos o direito de perguntar se teremos ou não sucesso; as únicas questões a serem feitas são: "Qual é a coisa certa a se fazer? O que a Terra precisa que façamos, caso sigamos a viver nela?"[8] A liderança movida pelo propósito implica uma conexão com uma vida que valha a pena, e isso está diretamente relacionado com o nosso trabalho, com a vida pessoal e o papel que queremos exercer em sociedade.

Segundo o relatório *Planeta Vivo*,[9] o consumo humano já supera a capacidade de recuperação do planeta. A Terra não consegue mais se regenerar espontaneamente; ou seja, nós, seres humanos, hoje extraímos mais recursos do mundo do que aquilo que ele

---

[7] Hillman, 1997.
[8] Wendell, apud Moyers, 2013.
[9] WWF, 2006.

consegue repor. Tendo ciência disso, deve-se pensar e estudar mais seriamente como proporcionar a criação de valor compartilhado. Os negócios devem gerar lucro, entretanto, não devem estar exclusivamente voltados para si, mas também devem ter atenção com a comunidade e com o mundo. A criação de valor compartilhado deixa de ser apenas um discurso bonito e passa a ser uma realidade necessária — e a liderança com propósito é a chave para sanar essa lacuna corporativa-social-individual.

Andrew Hewitt apresentou ao mundo, em 2012, uma proposta de lista que fizesse um contraponto à lista da *Forbes*. A *Game Changers 500* é uma relação de empresas movidas pelo propósito (*purpose-driven organizations*) por meio da qual as pessoas podem se conectar com organizações, não apenas pelo seu potencial financeiro, mas pelo propósito a que servem — uma forma de ligar pessoas e empresas não só pelo lucro ou pela atividade que exercem, mas também pela ligação dos *porquês*, ou seja, os valores e o propósito. Para essas empresas, cujo objetivo é gerar lucro enquanto criam um impacto positivo nas pessoas e no planeta, o sucesso acontece quando todos saem ganhando.

Neste livro, utilizamos como campo de pesquisa, além da lista das *Game Changers 500*, outras duas listas de empresas consideradas movidas pelo propósito: as do Sistema B e as do Capitalismo Consciente. Abordaremos essas listas mais adiante.

Para melhor compreender o comportamento do líder e o papel da liderança nas organizações movidas pelo propósito, fizemos 21 perguntas para líderes de cargos estratégicos e liderados em diferentes empresas. Ao longo dos primeiros capítulos deste livro, propomos que você também responda essas questões, que foram divididas em três grupos de sete perguntas. Depois, analisaremos as respostas dos entrevistados e discutiremos amplamente o tema para aprofundarmos o entendimento da liderança com propósito e diminuirmos a distância entre os interesses das organizações, da sociedade e do indivíduo.

1. Como você definiria o seu propósito pessoal?

2. Como o seu trabalho se articula para a realização do seu propósito?

3. Que atitudes da liderança despertam o comprometimento das pessoas com o propósito e com os valores da empresa?

4. Que atitudes de liderança colaboram para a construção de relações verdadeiras e saudáveis dentro da empresa?

5. De que forma a liderança fortalece os laços entre as pessoas e os da empresa com a sociedade?

6. Como é a relação da liderança com a pluralidade, a diversidade de culturas e o respeito e o acolhimento de diferentes opiniões?

7. Como a liderança constrói e estimula a liberdade com responsabilidade?

Os estudos sobre propósito podem apontar para a (re)descoberta da finalidade e da função das empresas na sociedade,[10] e são fundamentais para a construção de uma visão mais humana dos negócios. Além disso, as pesquisas sobre o tema podem ajudar as escolas de negócios ao redor do mundo a reverem seus conceitos puramente econômicos das empresas.[11]

A partir dessa compreensão, é possível contrapor o foco exacerbado que as organizações colocam nos

----
[10] Jordi, 2010.
[11] Karns, 2011.

resultados externos, tanto na esfera pública quanto na privada. Compreendendo a liderança movida pelo propósito, podemos compreender o crescimento ideal para as organizações dentro de um equilíbrio dinâmico que possibilite um trabalho com significado e que, além disso, torne viável que as pessoas tenham um lucro justo e mantenham uma vida plena.[12]

No próximo capítulo, vamos explorar as diferenças que podem existir entre a organização e o indivíduo e de que forma seus valores e propósitos se conectam, já que a compreensão desse tema pode levar as organizações a construir ambientes de trabalho nos quais as pessoas tenham orgulho de estar e de a eles dedicar suas vidas — empresas em que a felicidade seja uma das grandes medidas do sucesso.[13] Sem esquecer que empresas com valores e propósitos virtuosos acabam por ter retornos muito maiores do que as concorrentes.

• • • •

[12] Haskell, 2015.
[13] Haskell, 2015.

CAPÍTULO 3

Um pouco de filosofia

O mito da liderança mais perigoso é que os líderes nascem assim — que existe um fator genético para a liderança. Isso é um absurdo; na verdade, é o oposto. Os líderes são feitos, em vez de nascidos.

— Warren Bennis

Propósito é o que dá sentido à vida. Já mencionamos que ele é visto como a chave para navegar na complexidade, na volatilidade e na ambiguidade do mundo e do tempo nos quais vivemos. Além de não se ter mais tanta clareza do que é certo e errado, bom ou mau, estamos em uma época em que, entre o preto e o branco, existem 50 tons de cinza. Assim, o propósito traz um senso de direção que conduz nossas ações, como na metáfora de orientar-se usando uma bússola em vez de um mapa.[1] Esse senso de direção está profundamente ligado aos valores que nos guiam.

----

[1] Weick, 2001.

Em outras palavras, a liderança presta-se, em grande parte, à criação de um ponto de referência, um norte, uma bússola que guia os liderados e a organização.

O propósito é uma condição inexorável para a felicidade e para uma vida plena. Como diz a célebre frase de Sócrates (469 a.C.-399 a.C.): "A vida não examinada não vale a pena ser vivida." Uma questão muito importante é que, via de regra, o mundo organizacional distancia e, até mesmo, restringe o desenvolvimento dos propósitos social e coletivo.[2] O propósito, visto de uma maneira mais ampla, é maior do que aquilo que faz sentido apenas individualmente; ele avança na direção do bem comum.

Agora, um pouco de filosofia: a compreensão do propósito está ancorada na filosofia aristotélica como algo inerente a todo ser humano; mas ele deve se manifestar de maneira explícita e concreta, deve gerar impacto na vida das pessoas e no mundo. A noção de propósito não é apenas a ideia do que ele é, algo abstrato, mas também é a ativação da busca por ele.[3]

----

[2] Macintyre, 2013.
[3] Craig; Snook, 2014.

E ele deve ser posto em prática, caso contrário, é inofensivo e inútil.

No livro *Feitas para Durar*, os professores Collins e Porras, assessorados por uma equipe de pesquisadores da Universidade de Stanford, observaram o senso de propósito como causa significativa para explicar por que apenas algumas empresas mantiveram-se fortes e lucrativas, durante muitos anos, comparadas às suas concorrentes. Valores e propósitos corporativos são ativos importantes e geram um diferencial competitivo ao longo do tempo. Quando falamos de propósito e do seu impacto nas empresas e na vida das pessoas, devemos sempre estar atentos à importância das visões de longo e de curto prazos.

Aprofundando o entendimento aristotélico sobre o propósito, chegamos à noção de finalidade (*telos*) do propósito, na qual o seu pleno preenchimento se dá por meio do serviço ao outro e à humanidade.[4] No âmbito da liderança, há um entendimento de que se deve buscar um bom propósito, que é o servir ao outro. Assim, não há como desvincular propósito corporativo e liderança de práticas que tenham impacto social positivo.

----
[4] Casey; Macintyre, 1983.

A distinção entre bens internos e externos[5] é fundamental para a compreensão do que percebemos como propósito social. Podemos pensar em *bens externos* (explícitos, tangíveis) como status, dinheiro e poder; as pessoas os possuem, de certa forma, como bens ou patrimônios extrínsecos. Já os *bens internos* (intangíveis, implícitos) são de toda a comunidade; como o desenvolvimento de habilidades vocacionais, a promoção da saúde, a prevenção de acidentes. Quando se fala em finalidade (*telos*) relacionada ao propósito, argumenta-se que é fundamental que haja a vivência interna dos valores e do propósito, e que esses se manifestem externamente. O propósito interno deve extrapolar o indivíduo e manifestar-se no mundo.[6]

Uma vida sem significado é aquela na qual falta o movimento em direção ao *telos*. Esse movimento é moldado por uma busca orientada por duas perguntas[7] interconectadas: **o que é bom para mim? E o que é bom para a humanidade?** Via de regra, os gestores colocam muita ênfase nos bens externos e afas-

• • • •
[5] Kempster; Brad; Conroy, 2011.
[6] Craig; Snook, 2014.
[7] Kempster; Brad; Conroy, 2011.

tam-se dos internos, desviando-se, assim, do *telos*, do significado e do propósito da organização. Em nome da maximização dos lucros, criou-se uma cultura na qual tudo é permitido.

Na esteira dessas perguntas, propomos agora uma pausa na leitura para a continuação do questionário sobre o papel da liderança com propósito:

8. Como a reciprocidade e a confiança são construídas na empresa? E qual é o papel da liderança nessas relações?

9. Qual é o papel da liderança para a construção de uma visão de longo prazo na organização?

10. Qual é a responsabilidade da liderança para com o legado a ser deixado para as futuras gerações e para o planeta?

11. Que ações a liderança pode realizar para atingir esse objetivo?

12. Como o propósito da empresa é transmitido e evidenciado no dia a dia?

13. O que é formalmente realizado para a construção e a materialização do propósito na empresa?

14. E informalmente?

Não há dúvida quanto à importância do propósito na liderança. Mas a assunção ou generalização de que é um assunto já dominado está longe de ser verdadeira. Na gestão de negócios, especialmente na área privada, é difícil promover e incrementar o propósito em um ambiente no qual as estruturas e as práticas promovem e privilegiam os resultados externos em detrimento dos valores internos.[8] Inúmeros líderes e liderados ainda são fortemente influenciados pelas estruturas, práticas e expectativas organizacionais que são orientadas para a geração de bens externos. Consequentemente, compreende-se que os discursos organizacionais, mesmo que permeados por noções de propósito, são complexos e moldados pelas estruturas organizacionais, que tendem a limitar muito a construção de bens internos.[9]

----

[8] Casey; Macintyre, 1997.
[9] Kempster *et al.*, 2011.

Considerando os inúmeros escândalos que vemos todos os dias no Brasil e no mundo, há uma clara confusão entre o público e o privado; existe uma ética que vale "para mim e para os meus amigos", e outra que vale para os demais. Essa relativização da ética está muito longe do imperativo categórico[10] que nos ensina a agir de forma que a nossa conduta possa ser considerada universal.

Em uma entrevista ao periódico *Journal of Management Inquiry*,[11] o executivo britânico Antony Jenkins argumenta que os negócios existem em função da sociedade, e não o contrário. Dessa forma, precisam contribuir com ela.

Em razão dos frequentes escândalos de corrupção corporativa, percebe-se uma clara comoção social pelos desastres causados por irresponsabilidade e más práticas empresariais. O lucro a todo custo está sendo questionado neste momento da nossa história. Há uma tensão entre o conceito de maximização dos lucros dos acionistas e o de criação de valor compartilhado.[12]

----

[10] Kant, 1995.
[11] White *et al.*, 2017a.
[12] Porter; Kremer, 2011.

Uma empresa que tem como propósito primeiro entregar valor aos seus clientes e, fundamentalmente, para a sociedade acaba por gerar um senso de significado aos seus colaboradores, eleva o moral de todos e tende a gerar mais resultados financeiros.[13] Hoje há a convicção de que as organizações devem aprender a integrar os lucros com uma profunda atenção para com a sociedade, pois somente assim as empresas estarão aptas a oferecer produtos e serviços capazes de competir no mercado globalizado.[14]

A palavra propósito tem sido usada por CEOs de diversas instituições de maneira vigorosa para que as práticas corporativas sejam repensadas e reconstruídas. A busca pela compreensão do propósito das organizações vem aquecendo o debate quanto à relação que as empresas devem estabelecer com a sociedade. As pessoas querem trabalhar para empresas que entreguem valores positivos à sociedade. Essa valorização do bem comum, da sustentabilidade e de práticas corporativas que exerçam valores virtuosos tem despertado o interesse de investidores, que passaram a utilizar crité-

• • • •
[13] Collins, 2015; Springett, 2004.
[14] Mitroff, 2016.

rios como responsabilidade social, cuidado ambiental e governança ética para direcionar seus investimentos de forma que reflitam não apenas em lucros, mas também em benefícios para a sociedade.[15]

Se os líderes atuarem de forma a satisfazer plenamente seus clientes, eles terão maiores chances de gerar mais lucro para as empresas. Mas, para que isso aconteça, os liderados têm de estar plenamente engajados. Ao coordenar a satisfação deles com a entrega e a felicidade dos clientes, há uma grande chance de se exercer uma contribuição positiva para a sociedade.

A **imagem corporativa** tem grande influência e atrai tanto os que já são clientes quanto o público potencial. Além de incrementar a intenção de compra e satisfação, ela desenvolve uma relação de lealdade e aumenta as vendas.[16] Compreender o papel do propósito e seus reflexos na reputação e na imagem institucional deve permitir um uso mais efetivo da comunicação estratégica e, consequentemente, a melhora do posicionamento, do lucro e da credibilidade. Mas é fundamental que a imagem transmitida seja lastreada

----
[15] White et al., 2017.
[16] Palacio; Meneses; Pérez, 2002.

no propósito e nos valores, caso contrário, ela terá um efeito de curto prazo, como vimos acontecer há pouco tempo com a companhia aérea United, que perdeu 250 milhões de dólares[17] devido à viralização de um vídeo que mostra a má atuação de um funcionário ao tirar um passageiro à força de dentro de um avião da empresa.

As empresas com uma boa imagem corporativa têm a tendência de apresentar um bom resultado de vendas e um bom *marketshare*.[18] A construção de valor social leva em consideração o impacto dos produtos e serviços não só no indivíduo, mas também no mundo que o rodeia.[19] Dessa maneira, pode-se inferir três âmbitos ou grupos que têm propósitos potencialmente conflitantes e, na mesma medida, potencialmente convergentes: a organização, o indivíduo e a sociedade.

Já vimos que o líder movido pelo propósito tem mais consciência da sua razão de existir de maneira individual e busca traduzir, em ações concretas, o conhecimento que está implícito, transformando-o, assim,

----

[17] <http://economia.estadao.com.br/noticias/negocios,united-perde-us-250-milhoes-apos-passageiroser-arrastado-para-fora-de-aviao,70001735535>.

[18] Shapiro, 1982.

[19] Gupta, 2014.

em sabedoria prática.[20] O fazer do dia a dia, que torna o implícito em explícito, pode ser o elemento que tornará essa equação congruente. Paradoxalmente, o foco deve estar na gestão que se dá por meio do processo de liderança para se compreender de que forma virtudes, ganhos internos e propósito podem e devem ser perseguidos no contexto corporativo. E não há como falar sobre esse paradoxo sociedade-empresa sem incluir o indivíduo: fica claro que há uma pessoa que executa, que decide e que vive os dilemas éticos.[21] Há diferenças entre a organização e o indivíduo que devem ser compreendidas para que possam ser alinhadas, criando uma sinergia corporação-colaboradores mais eficaz.[22]

Joan Marques, doutora em Ciências Sociais e especialista em liderança e espiritualidade, discute cinco importantes qualidades que caracterizam o líder movido pelo propósito: consciência, respeito, moralidade, visão e discernimento.

----

[20] Takeuch; Nonaka, 2014.
[21] Kempster et al. 2011.
[22] White et al., 2017.

CONSCIÊNCIA

Consciência: pode ser definida como uma maior percepção de si e das circunstâncias à sua volta. Uma consciência expandida permite que o líder tome decisões levando em conta as pessoas, a sociedade e as repercussões de longo prazo.[23] A consciência de si mesmo é fundamental para assegurar que o comportamento esteja alinhado com as próprias convicções mais profundas.[24]

RESPEITO

Respeito: é uma virtude que se conquista quando é doado.[25] É uma característica fundamental da liderança com propósito e, por isso mesmo, visto como um dos seus pilares — respeito a si mesmo, aos valores, ao outro e às suas diferenças.

----

[23] Marques, 2017.
[24] Luthans; Avoilo, 2003.
[25] Peters, 2010.

Moralidade: é uma característica que versa sobre causas e consequências; é a consciência de que devemos ser sempre responsáveis por nossas decisões e pela forma com que elas afetam o mundo. A moralidade põe em perspectiva as consequências de longo prazo e a força que o líder deve ter para se manter leal às suas convicções e valores, mesmo que as circunstâncias não sejam as mais favoráveis e que, aparentemente, haja caminhos mais fáceis e lucrativos no curto prazo. A moralidade faz com que se mantenha o foco no verdadeiro norte.[26] A verdadeira qualidade moral do líder só é atingida quando ele também aplica sua ética pessoal no âmbito profissional. Essa qualidade aparece na forma de comportamentos de liderança e em seu impacto nas pessoas ao redor. Como resultado, líderes e liderados se unem, criando uma visão direcionada aos objetivos comuns.[27]

• • • •
[26] George, 2007.
[27] Palmer, 2009.

VISÃO

Visão: é a característica que distingue os líderes dos gestores. Os gestores estão preocupados com as ações operacionais e com os processos organizacionais do dia a dia, enquanto os líderes são os que definem a direção no longo prazo.[28] A visão é fundamental para que o líder influencie os liderados na direção correta e para os objetivos comuns. Para que a visão seja forte e capaz de conectar as pessoas e gerar planos que deem resultados, o propósito da liderança deve estar claro.

DISCERNIMENTO

Discernimento: é a habilidade de perceber o que está em jogo e o que realmente importa para os acionistas, os clientes, os fornecedores, os parceiros e a sociedade de maneira geral. A capacidade de discernimento é fundamental para que o líder tenha uma visão de longo prazo, para que possa realizar as melhores estratégias a fim de alcançá-la e, ainda, para que tenha a habilidade de mudar o curso quando necessário, sem jamais perder de vista a bússola do propósito.[29]

• • • •
[28] Berson et al., 2001.
[29] Weick, 2001.

No próximo capítulo, veremos como esses e outros valores fundamentais constituem a visão de liderança em empresas representantes do Capitalismo Consciente, do Sistema B e das *Game Changers 500*.

ANOTAÇÕES

CAPÍTULO 4

Como são constituídas as organizações movidas pelo propósito

Os líderes proeminentes saem de seu caminho para aumentar a autoestima de seu pessoal. Se as pessoas acreditam em si mesmas, é impressionante o que elas podem realizar.

— Sam Walton

As organizações movidas pelo propósito são excelentes e únicas nos produtos e nos serviços que entregam e prestam, contudo, o mais importante é o alto grau de comprometimento com os colaboradores e com os clientes, fornecedores e parceiros, de forma que até seus concorrentes as admiram.[1] Essas empresas e seus líderes são tão fiéis aos seus valores e às pessoas que estão dispostos a crescer mais lentamente, mesmo que isso implique ganhos menores no curto prazo. As organizações movidas pelo propósito têm uma grande preocupação em construir os lucros mantendo uma atenção extrema ao cuidado com os outros.

• • • •

[1] Mitroff, 2016.

A atitude é tão ou mais importante do que a aptidão, e as pessoas normalmente são contratadas por essa última e demitidas em função da primeira. O comprometimento da liderança com o propósito e a forma como o líder transforma propósito em impacto inspiram e podem ter grandes efeitos nos colaboradores, em seu senso de propósito e de responsabilidade.

Em um trabalho recente, que visa unificar e integrar *frameworks* que competem, mas que ao mesmo tempo são complementares, foram identificados propósitos comuns nos campos dos negócios e da sociedade. Os professores universitários de gestão Schwartz e Carroll desenvolveram um estudo comparativo e analisaram as definições de responsabilidade social corporativa — *Corporate Social Responsibility* (*CSR*) —, ética de negócios, sustentabilidade, gestão de *stakeholders* e cidadania corporativa. No trabalho, concluíram que se pode atingir um equilíbrio dinâmico entre interesses público, privado e corporativo por meio de um modelo chamado *Value, Balance and Accountability* — *VBA* [valor, equilíbrio e responsabilidade]. Para os estudos de liderança com propósito, a ênfase maior recai sobre o conceito de valor, pois todas as empresas devem trabalhar na direção da criação de valor social.[2] De forma geral, espera-se que os negócios estejam voltados para o bem comum e para a melhoria da sociedade como um todo.

A visão predominantemente econômica aplicada à empresa que busca a maximização do lucro visa, entre outras coisas, simplificar questões complexas, mas não conversa com a gestão no mundo real, principalmente no que diz respeito a estratégias de longo prazo. O foco exclusivo no lucro ainda limita fatores importantes para a criação de valor sustentável. A organização cujo propósito único é maximizar os lucros não se torna atrativa para muitos gestores, colaboradores e consumidores.

Qualquer instituição é, por definição, fundamentalmente um grupo de pessoas lideradas por um empreendedor que, juntos, atuam para entregar valor ao cliente e, a partir desse processo, geram valor econômico, criam significado e dão oportunidade de desenvolvimento para os que trabalham. A geração de riqueza dá-se pela criação de valor e pela contribuição para a

---

[2] Gupta, 2014; Schwartz; Carroll, 2008.

sociedade.[3] Obviamente, a eficiência econômica faz parte do propósito da empresa, pois não há sustentabilidade em termos mais amplos sem sustentabilidade econômica.

Entretanto, as empresas, além de produzirem bens e serviços, desenvolvem as pessoas, promovem o seu crescimento em termos de atitudes e aptidões — sejam essas pessoas colaboradores, gestores, fornecedores ou consumidores. Todos são afetados pelas empresas, por seu contexto, sua cultura e sua estrutura; as empresas geram impactos profundos nas pessoas, tanto individual quanto coletivamente. As organizações estão percebendo que ética, bom comportamento e cuidado com os relacionamentos também devem fazer parte da sua estratégia.

Portanto, a empresa só resistirá ao longo do tempo se servir aos seus colaboradores e aos seus consumidores de uma maneira melhor do que seus concorrentes. Tendo isso em vista, observa-se que a busca incondicional pelos interesses corporativos financeiros não é mais compatível com a conquista da confiança das pessoas e da credibilidade social. Quem dá a legitimi-

----
[3] Jordi, 2010.

dade para a empresa, e quem avaliza a sua existência no contexto em que vivemos, é a sociedade, não o acionista.[4] As empresas são pilares fundamentais da nossa sociedade, geram riqueza, empregam, investem, inovam, desenvolvem pessoas e mercados, colaboram com a transferência de renda e a diminuição da pobreza. Por tudo isso, devem ter responsabilidade à altura de suas capacidades.

Agora sugerimos uma nova pausa para reflexão sobre o que vimos até aqui e para a finalização do questionário proposto:

15. Quais são os desafios enfrentados pela liderança que pretende manter o propósito?
16. Dentro do contexto organizacional e fora dele?
17. O que você recomenda para quem quer desenvolver uma organização movida pelo propósito?
18. O que fazer?

---

[4] Jordi, 2010.

19. O que não fazer?

20. O que mais você acha interessante dizer sobre esse assunto?

21. Como você se sentiu respondendo estas perguntas?

Mencionamos anteriormente que hoje há uma tendência mundial de se repensar o propósito das empresas, pois os múltiplos escândalos ao redor do mundo, tanto no âmbito das organizações privadas quanto das públicas, levantaram diversas questões sobre a ética dos negócios. Um novo entendimento do propósito nas organizações é vital e urgente, seja para os mercados emergentes ou para os já desenvolvidos, pois há uma clara crise de credibilidade e confiança no que se relaciona às práticas empresariais.[5]

Um aspecto importante a ser questionado nesse tema é a responsabilidade das escolas de negócios na propagação e na exacerbação do problema,[6] pois muitas delas não consideram o estabelecimento da ética e do propósito como parte da gestão de negócios. Além disso, muitas vezes, elas difundem uma visão exclusi-

----
[5] Karns, 2011.
[6] Navarro, 2008.

vamente econômica das empresas. As escolas de negócios precisam se atualizar, ampliar seu escopo e abandonar a ênfase em uma visão puramente financeira e organizacional, para ressaltar e desenvolver modelos de negócios que tenham as pessoas no centro.[7]

Invariavelmente, as transações comerciais são feitas de pessoas para pessoas, e é importante que os cursos de administração e as escolas de negócios deem a devida atenção para uma melhor compreensão sobre o propósito a que a firma se destina, qual a sua função e sua responsabilidade social. A educação empresarial deve conversar com as necessidades do mundo atual e contribuir para a criação de valor social e econômico, que incremente e devolva a ética e a responsabilidade na forma de se fazer negócios.[8] A professora de gestão e especialista em recursos humanos e liderança Elaine Hollensbe aponta seis valores fundamentais para que a empresa seja considerada movida pelo propósito: dignidade, solidariedade, pluralidade, subsidiariedade, reciprocidade e sustentabilidade. Vamos focar brevemente cada um deles.

----

[7] Pirson; Lawrence, 2010.
[8] Bisoux, 2010; Giovanola, 2009.

DIGNIDADE

Exercitar a **dignidade** significa tratar as pessoas como pessoas e não como coisas. Até hoje, fala-se de força de trabalho e recursos humanos marcando a visão do ser humano como um instrumento, e não como alguém dotado de corpo, emoções e pensamentos. Assim como a visão da organização é fragmentada e hierarquizada, há muita dificuldade de se ver o ser humano como um todo. Estudos mostram que muitas pessoas que trabalham em organizações levam uma vida cindida. Vivem seus verdadeiros valores, propósitos e ideais a partir do momento que chegam em casa, e vivem outra série de valores quando estão na empresa.[9] Quando os valores do indivíduo se distanciam dos da corporação, todos saem perdendo: a empresa, o profissional e a sociedade.

....
[9] Ramarajan; Reid, 2013.

DIGNIDADE

Dignidade também significa construir relações verdadeiras e saudáveis dentro do ambiente de trabalho e extrapolá-las para fora, gerando confiança entre as pessoas na empresa e entre a empresa, a sociedade e a opinião pública. Já há estudos que aprofundam o entendimento da importância do caráter humano dentro das organizações, mas colocar a dignidade humana como uma parte fundamental do propósito das empresas levanta a necessidade de estudos ainda mais complexos.[10]

Dignidade significa, fundamentalmente, o respeito à pessoa humana. É importante dar o devido tratamento a cada um e compreender que as pessoas exercem, de forma individual e coletiva, papéis fundamentais dentro das empresas. Dignidade implica, além de promover o bem-estar, desenvolver o potencial rumo a um trabalho realizador e que tenha significado. Com a busca da plenitude, de um alinhamento de propósitos e valores do liderado, do líder e da sociedade, todos saem ganhando.

----

[10] Hollensbe et al., 2014.

SOLIDARIEDADE

Solidariedade significa o reconhecimento da importância do outro na relação; trata-se da alteridade, de perceber as diferenças para incluí-las, não eliminá-las. É fundamentalmente a noção do coletivo, que Elaine Hollensbe resume na frase: *"Estamos todos juntos nisso."* Estar junto não apenas no que tange à relação de um para um, mas para com a sociedade, a comunidade, o planeta e os mais necessitados. Solidariedade é ver o jogo dos negócios como uma soma em que todos ganham: consumidores, fornecedores, gestores e colaboradores. Assim, quando a maré sobe para um, sobe para todos. Isso se faz com verdade, troca de informações e regras e acordos claros, para que as pessoas possam fazer escolhas conscientes. Não se enfatiza o suficiente o quanto as empresas, as organizações e os negócios em geral têm poder de gerar impactos positivos na sociedade e de ampliar o escopo da solidariedade entre as pessoas. Esse conceito, inserido na noção de propósito, ganha força, unindo e conectando as pessoas em prol de algo maior e, de forma objetiva, gera oportunidades de trabalho, de novos modelos de negócios e, também, inovação em produtos e serviços.

PLURALIDADE

Pluralidade diz respeito à valorização da diversidade e a conectar pessoas. Muito se tem falado e escrito sobre a importância da diversidade, mas apenas recentemente se tem relacionado o que há de oportunidade para a gestão, para o crescimento e para a geração de valor, não só social, mas também econômico, ao se incorporar efetivamente a pluralidade e a diversidade.[11]

A pluralidade reforça o propósito da empresa, cria oportunidades, torna as pessoas mais receptivas a diferentes paradigmas e culturas, bem como diminui as barreiras entre os indivíduos. Esse enfoque de respeito à diversidade incrementa não só o conhecimento do outro, mas também tem o potencial de promover o conhecimento de si mesmo. Os líderes e gestores devem estar atentos e ter clareza sobre seus valores para que possam defender e implementar a pluralidade de forma verdadeira nas empresas.

----

[11] Joshi; Roh, 2009.

PLURALIDADE

Em um mundo globalizado, a diversidade é uma realidade irrefutável, e incorporá-la é mais do que importante, é necessário para que os negócios conversem com a sociedade. Há de se respeitar e valorizar diferentes culturas e formas de pensar, mesmo que não se concorde com elas. A curiosidade sobre o outro torna a organização mais flexível e inovadora. As metas de desenvolvimento do milênio da ONU[12] vão ao encontro deste entendimento, com uma clara orientação para o florescer do ser humano.[13] Por fim, a pluralidade propõe que as pessoas estabeleçam relações, e não transações.

----

[12] <www.un.org/millenniumgoals/>.
[13] Karns, 2011.

SUBSIDIARIEDADE

Subsidiariedade é utilizada aqui no sentido de autonomia, ou seja, de liberdade com responsabilidade. A ideia é promover autonomia em todos os níveis organizacionais, com informação suficiente e clareza de propósito, para que cada pessoa possa, dentro das suas capacidades, fazer o que é certo. Subsidiariedade implica ouvir e ser ouvido, independentemente de cargo ou de hierarquia.[14]

Gerar autonomia visa eliminar ou minimizar a sua antítese, a dependência, e criar um ambiente no qual a criatividade possa proliferar. Quando as pessoas sentem que têm voz e que seu trabalho é valorizado, sua percepção de confiança aumenta. Havendo clareza de valores, as decisões serão movidas pelo propósito. Quando há consonância entre os valores e o propósito da empresa e os das pessoas que lá trabalham, cria-se uma identidade que ultrapassa o indivíduo, e cada um passa a agir "do nosso jeito",[15] e não do jeito dele ou do jeito da empresa.

- - - -

[14] Burris; Detert; Rommney, 2013.
[15] Hollensbe *et al.*, 2014.

SUBSIDIARIEDADE

O senso de propósito coletivo acentua-se, gerando mais e melhores resultados. A noção do bem comum, sem perder a individualidade, colabora para o desenvolvimento sustentável dos negócios, promovendo o bem-estar das pessoas e do planeta.[16]

As pessoas buscam empresas e lideranças congruentes em seus discursos, organizações nas quais possam escolher trabalhar, investir e comprar, que tenham valores e propósitos convergentes e afinados com os seus.[17] Quando se coloca a subsidiariedade nas características das empresas movidas pelo propósito, garante-se que as pessoas serão ouvidas e que haverá coerência nas práticas empresariais, alinhando o discurso à prática.

----

[16] Karns, 2011.

[17] Hoffman *et al.*, 2011.

RECIPROCIDADE

A **reciprocidade** é o alicerce da construção das relações de confiança entre as pessoas. Aqui, lembramos do livro clássico de estratégia, de 1944, *Teoria dos Jogos e Comportamento Econômico*, de autoria do matemático húngaro John Von Neumann e do economista austríaco Oskar Morgenstern, no qual os autores argumentam que estamos em um jogo de soma não zero. Quando as pessoas fazem um negócio, a expectativa é de que ele seja realizado de tal forma que haja benefício mútuo, reciprocidade, e não que a vantagem de um aconteça em detrimento da outra parte. As premissas da reciprocidade são honestidade e integridade; invariavelmente, quando pessoas ou empresas se relacionam, criam-se expectativas de parte a parte sobre a conduta que a pessoa ou empresa adotará. A reciprocidade, vista de uma forma mais ampla, implica responsabilidade para com o outro, inclusive no âmbito emocional, o que é fundamental para gerar confiança tanto dentro quanto fora da organização. E, além de gerar confiança, a organização deve confiar — algo diretamente relacionado com o tópico anterior, que versa sobre liberdade com responsabilidade.

SUSTENTABILIDADE

A **sustentabilidade** dá à visão de longo prazo uma amplitude ainda maior, pois não se trata apenas de uma ou duas gerações de pessoas, mas do legado a ser deixado para as gerações futuras; trata-se da responsabilidade das organizações, como um grupo de pessoas, em relação ao mundo que deixaremos para nossos filhos, netos e bisnetos.

Sustentabilidade significa deixar o mundo melhor na saída do que na chegada; significa reparar os danos causados e promover melhorias no planeta. Significa estar a serviço, prover, oferecer, e não usurpar.[18] Diz respeito às empresas tornarem-se cidadãs corporativas e servirem a um propósito maior. Não se trata de filantropia; se as pessoas e empresas fazem caridade e trabalho filantrópico, essa é uma escolha nobre e um *plus*.

....
[18] Hollensbe *et al.*, 2014.

SUSTENTABILIDADE

O que as empresas devem realmente fazer são contribuições positivas para o bem comum, de maneira ampla para a sociedade. Esse é o propósito mais profundo dos negócios, e isso ocorrerá quando a empresa fizer seu trabalho bem-feito, servindo aos clientes de maneira eficiente, criando e entregando valor para o consumidor por meio de bens e serviços e desenvolvendo o potencial humano no processo.[19]

Empresas de todos os tamanhos sempre foram muito mais do que seus aspectos econômicos. A visão de que o único motivo de existir da empresa é gerar lucro para os acionistas[20] é, por assim dizer, relativamente nova, pois os empreendimentos que começaram como atividades familiares representam muito mais do que lucro: tradição, talento, missão e uma forma de deixar um legado para as gerações futuras.[21]

----

[19] Jordi, 2010.
[20] Friedman, 1962.
[21] Jenkins, *apud* White et al., 2017.

> **SUSTENTABILIDADE**
>
> Nas empresas familiares, a longevidade, a sustentabilidade e os horizontes amplos sempre foram elementos-chave. Praticamente todos os empreendimentos que sobreviveram ao longo do tempo, alguns por séculos, tiveram em si muito mais do que o lucro como propósito.[22]

O grande desafio, segundo Elaine Hollensbe, está em como incorporar esses conceitos no propósito da organização de forma que consigamos medir efetivamente o impacto que os negócios têm na vida das pessoas, nos seus valores, nos recursos naturais e no meio ambiente, assim como reconhecer, exaltar e recompensar os impactos positivos, além de responsabilizar e corrigir os impactos negativos. Então, como transformar o propósito em impacto?

TRÊS LISTAGENS DE EMPRESAS MOVIDAS PELO PROPÓSITO

Entre os dias 7 e 9 de junho de 2017, aconteceu, na Califórnia, o *The Conscious Company Global Leaders*

----

[22] Sanders, 2011.

Forum.²³ Foi um evento que reuniu centenas de empresas e lideranças movidas pelo propósito. Entre elas, estavam representantes do Capitalismo Consciente, do Sistema B e das *Game Changers*. Algumas das empresas participantes foram GoPro, LinkedIn, Google, Patagonia, New Resource Bank, entre muitas outras, bem como os próprios líderes das três organizações.

A seguir, veremos uma breve explanação sobre cada uma delas.

Game Changers

Como dito brevemente no primeiro capítulo deste livro, Andrew Hewitt criou uma lista chamada *Game Changers 500* com o objetivo de reunir as 500 organizações movidas pelo propósito mais relevantes de todo o mundo; empresas que usam a sua força nos negócios para o bem comum. Além de enumerá-las, a ideia da lista era também conectar essas empresas para promover um impacto maior no mundo. Há empresas brasileiras na lista: Natura, Triciclos, Geekie e Itaipu.

---

[23] <https://consciouscompanymedia.com/forum/>.

Hewitt criou essa lista devido a um incômodo muito pessoal. Como egresso de Harvard, ele observou que muitos de seus colegas não tinham qualquer dificuldade de se colocar no mercado de trabalho e, normalmente, em empresas muito conceituadas e presentes nas listas da *Fortune*. Empresas que, via de regra, medem seu sucesso pela lucratividade e que, por consequência, são muito admiradas. A questão é que, apesar disso, as pessoas que conquistavam empregos e remunerações invejadas não estavam necessariamente contentes. O trabalho era só um trabalho, e não algo pelo qual valia a pena acordar todos os dias e dedicar horas de suas vidas. Ou seja, as pessoas, apesar de um aparente sucesso profissional, não eram felizes. Com esse *insight*, ocorreu o *aha moment* e Hewitt decidiu criar a lista chamada *Game Changers 500*. O objetivo, na época, era ajudar os recém-formados a encontrar uma carreira que tivesse significado conectando-os a organizações alinhadas com seus propósitos pessoais, direcionando assim cada potencial para tornar o mundo melhor.

A inquietação de Hewitt foi apenas o primeiro passo para a criação de uma nova forma de medir o sucesso das empresas. Sua proposta consistia em incluir a medição de critérios que parecem intangíveis e que acabaram por gerar muitos questionamentos ao próprio criador da proposta das *Game Changers*: há um modelo de negócios a ser seguido? Como se mede o sucesso ou o fracasso dentro desse paradigma? E, se você quiser trabalhar em uma dessas empresas, como diferenciar o que é real do que é falso? Como criar um banco de dados das melhores empresas movidas pelo propósito?

Essas perguntas levaram Hewitt e sua equipe a desenvolver um instrumento para medir o sucesso, mas não apenas pelo viés econômico. Foram estipuladas categorias que propõem uma redefinição do que é sucesso e do que é um bom resultado. São princípios que as empresas movidas pelo propósito têm e praticam, que fazem parte de seu *core business*. O quadro a seguir[24] traz as principais características das empresas listadas como *Game Changers*.

----

[24] Adaptado pelo autor a partir do site oficial: <gamechangers.co>.

GAME CHANGERS

Propósito primeiro: definir claramente sua missão e demonstrar compromisso com ela por meio de uma proposta de mudança que conduza a estratégia, as medidas de impacto que acompanham seu progresso, os incentivos que mantêm a finalidade como prioridade e/ou uma estrutura legal que garanta objetivos sociais e ambientais.

Benefícios: ir além da compensação financeira.

Ecossistema de crescimento de empregados: gerar um ecossistema para os funcionários da empresa crescerem constantemente.

Cultura de tribo: criar uma cultura de empresa orientada por propósitos que envolvam os membros da equipe na realização da missão da empresa.

Local de trabalho focado na liberdade: desenvolver um local de trabalho que se concentra em criar liberdade e minimizar o medo, reduzindo a centralização do poder.

Compensação atenciosa: estabelecer uma compensação financeira que considera de maneira justa as despesas de vida de trabalhadores, produtores e fornecedores.

GAME CHANGERS

Atendimento notável ao cliente: demonstrar cuidado genuíno em relação aos clientes por meio de um processo de compra e venda elegante.

Cuidado por meio do compartilhamento: cuidar de causas alinhadas à missão, compartilhando generosamente os recursos do negócio.

Cuidado com água e resíduos: valorizar iniciativas de reciclagem e reutilização de materiais, de redução de resíduos e desperdício de água.

Parceiros amigos do planeta: escolher fornecedores, distribuidores e outros parceiros que compartilham seu compromisso de criar um mundo melhor.

Energia *earth-friendly*: trabalhar em direção à neutralização de carbono a partir da redução do uso e do monitoramento de energia.

Materiais ecológicos: utilizar materiais ecologicamente corretos para operar a empresa.

Sistema B

As Corporações B visam aproveitar o poder das empresas orientadas por objetivos para criar impacto na sociedade. Sua abordagem está focada em alinhar diversos interesses das partes com interesses comerciais.[25]

O Sistema B reúne empresas socialmente conscientes que situam o bem comum como parte central de sua missão. Para fazer parte desse sistema é necessário que a organização tenha fins lucrativos.[26] O movimento *B Corporations* pretende iniciar uma mudança de foco da maximização do acionista para a maximização do valor compartilhado.[27] O *assessment* é feito por uma certificadora chamada B LAB. Essa avaliação — feita por meio de uma ferramenta online gratuita — considera as áreas de governança, os trabalhadores, a comunidade, o meio ambiente e o respectivo impacto que está representado no modelo de negócios da empresa.[28]

----

[25] Honeyman, 2014.
[26] Lawrence, Anne T.; Weber, 2014.
[27] Porter; Kremer, 2011.
[28] Honeyman, 2014.

Atualmente, mais de 1.780 companhias, em 50 países e 130 setores diferentes são certificadas como Empresas B. Patagonia, Ben & Jerry's, Etsy e muitas outras já se juntaram à comunidade B Corporation. Várias delas fazem parte dos três movimentos, a exemplo da Whole Foods e da Patagonia.

Os próprios criadores do Capitalismo Consciente[29] destacam que as empresas do Sistema B são compatíveis com os quatro princípios de negócios conscientes: maior propósito, liderança consciente, cultura consciente e orientação para os *stakeholders*.

O quadro a seguir[30] sintetiza as características das empresas do Sistema B.

---

[29] Mackey; Sisodia, 2016.
[30] Adaptado pelo autor a partir do site oficial do Sistema B: <www.bcorporation.net>.

SISTEMA B

Propósito: construir uma economia global que use os negócios como uma força para o bem. Essa economia é composta por um novo tipo de corporação — as B Corps — que é orientado para o propósito e cria benefícios para todas as partes interessadas, não apenas para os acionistas.

Boa para os colaboradores: remuneração, benefícios e treinamento. Ambiente de trabalho agradável, produtos e serviços alinhados ao cliente. Atende às necessidades das pessoas.

Boa para a comunidade: práticas comunitárias. Fornecedores e distribuidores locais. Diversidade. Criação de empregos. Engajamento cívico e doação.

Governança: transparência na prestação de contas.

Clientes e consumidores: produtos e serviços que fazem bem ao cliente. Produtos e serviços para pessoas em necessidade.

Boa para o meio ambiente: Produtos e serviços ambientalmente corretos. Práticas ambientais responsáveis — na terra, no escritório, cuidado com a água, emissões de materiais, cuidado com resíduos.

Capitalismo Consciente

Os criadores do movimento Capitalismo Consciente, John Mackey, um dos fundadores da Whole Foods Market, e Raj Sisodia, professor de marketing da Universidade de Bentley, pregam que a natureza do capitalismo deve ser mudada para que a confiança entre as pessoas, a sociedade e as empresas seja reconquistada. As pessoas não estão mais dispostas a aceitar o paradigma da maximização do lucro em detrimento da sociedade e do meio ambiente. Valores como a prosperidade e o bem-estar econômico e social precisam de uma estrutura de mercado liberal e democrática.

As empresas vinculadas ao Capitalismo Consciente devem ter um propósito que seja muito mais do que simplesmente gerar lucros: deve ser a causa pela qual elas existem. Para os autores, a criação de valor sustentável é um compromisso e um esforço em conjunto de todos os envolvidos para satisfazer suas necessidades e desejos.

Mackey e Sisodia defendem que a ênfase exacerbada no interesse individual e na maximização do lucro deve ser superada para que haja uma reconstrução do capitalismo com uma base ética sólida.

Assim, o capitalismo permite uma humanização do comportamento econômico e representa a maneira mais adequada de permitir o avanço social e econômico para os negócios e a sociedade.[31] O Capitalismo Consciente busca restabelecer a confiança nas empresas e organizações por meio do resgate do propósito dos negócios como um criador de valor coletivo e, assim, proporcionar bem-estar à sociedade em uma dimensão econômica, social, intelectual, ecológica e espiritual.

O Capitalismo Consciente é um sistema baseado em um mercado que se concentra na conexão com um propósito maior para elevar a humanidade e construir a base para a existência de toda justificação da empresa.

O próximo quadro[32] resume as características das empresas do movimento Capitalismo Consciente.

----

[31] Freeman; Phillips, 2002.

[32] Adaptado pelo autor a partir do site oficial do Capitalismo Consciente: <www.ccbrasil.cc>.

CAPITALISMO CONSCIENTE

Propósito maior: o propósito de uma empresa deve ser muito mais do que simplesmente gerar lucros — é a causa pela qual a empresa existe.

Orientação para os *stakeholders*: um negócio deve gerar diferentes valores para todas as partes interessadas (*stakeholders*).

Liderança consciente: os líderes são pessoas responsáveis pela organização que criam valor para servir ao propósito de todos os seus *stakeholders* e cultivam uma cultura consciente de confiança e cuidado.

Cultura consciente: incorporação dos valores, princípios e práticas subjacentes ao tecido social de uma empresa. Ela conecta os *stakeholders* uns aos outros e também ao seu propósito, suas pessoas e seus processos.

Com essas informações em mente, no próximo capítulo apresentamos uma pesquisa realizada com líderes e liderados de empresas movidas pelo propósito, para ajudar a sanar a lacuna existente na compreensão da finalidade do propósito corporativo.

ANOTAÇÕES

CAPÍTULO 5

22 pessoas e um propósito

Você ganha força, coragem e confiança por cada experiência em que realmente para e encara o medo face a face. Você deve fazer aquilo que acha que não pode fazer.

— Eleanor Roosevelt

No início deste livro, foi proposto que você respondesse a 21 questões sobre liderança. Essas mesmas perguntas foram feitas em uma pesquisa, apresentada em Porto Alegre em 2018,[1] para 22 pessoas que trabalham em 12 diferentes empresas movidas pelo propósito, necessariamente com fins lucrativos, com sede no Brasil.

A pesquisa apurou declarações relacionadas às características que vimos anteriormente como fundamentais para uma organização com propósito: dignidade,

----

[1] Fabiano Defferrari Gomes. *Liderança Movida Pelo Propósito*. Dissertação de Mestrado. Universidade do Vale do Rio dos Sinos — Programa de Pós-Graduação em Gestão de Negócios.

solidariedade, pluralidade, subsidiariedade, reciprocidade e sustentabilidade. Além dessas, as seguintes categorias foram preestabelecidas: propósito pessoal e relação com o trabalho; conexão pessoal com os propósitos e valores da organização; e contextos nos quais o propósito se propaga.

A intenção da pesquisa é apontar alguns caminhos, baseando-se nas respostas desses 22 líderes e liderados, para que os negócios cresçam, gerem lucro e, ao mesmo tempo, se mantenham fiéis aos seus valores.

Na análise das entrevistas, não foram feitas comparações entre as respostas de líderes e liderados, e tampouco foi considerado escolaridade, tamanho das empresas, idade ou gênero.

O perfil dos entrevistados (11 líderes de cargos estratégicos e 11 liderados) está detalhado nos cartões ilustrativos das páginas a seguir.

1ª CATEGORIA: PROPÓSITO PESSOAL E RELAÇÃO COM O TRABALHO

Nesta categoria da pesquisa, foram descritos os propósitos de vida dos líderes e liderados e de que forma o trabalho se articula para a realização de tais propósitos. Esta categoria foi dividida em seis subcategorias: ajudar as pessoas, promover o desenvolvimento pessoal, gerar impacto positivo, eliminar a separação entre o pessoal e o profissional, ser feliz e ter valores conectados à prática. Vejamos, então, as principais declarações obtidas sobre cada um desses propósitos.

Ajudar as pessoas

Esta subcategoria enfatiza a importância de o propósito estar relacionado com a facilitação de processos e o desenvolvimento de pessoas. Fica claro que tanto líderes quanto liderados têm a questão do "estar a serviço dos outros" como algo importante, como podemos depreender pelas passagens a seguir.

PEDRO N., líder na Empresa A, afirma que seu propósito pessoal é "construir oportunidades para pessoas que venham a se engajar comigo em projetos que redefinam os modelos existentes, que não sejam modelos positivos". Para a CEO da Empresa B, **ANA***[2], propósito

PEDRO N.
Empresa A | CEO
Tempo de empresa: 1 a 3 anos
Função: líder
Tipo de Empresa: Capitalismo Consciente

ANA*
Empresa B | CEO
Tempo de empresa: 7 a 9 anos
Função: líder
Tipo de Empresa: Capitalismo Consciente

[2] Os nomes indicados com asteriscos foram alterados a pedido. (N.E.) 93. White et al., 2017.

> **BERNARDO**
> **Empresa C** | Gerente
> **Tempo de empresa**: 1 a 3 anos
> **Função**: liderado
> **Tipo de Empresa**: não listada

significa "ajudar as outras pessoas a serem mais protagonistas da vida delas". **BERNARDO**, que é gerente da Empresa C, diz que seu propósito é "desenvolver as pessoas para que elas consigam desenvolver melhor o seu trabalho, e que o trabalho possa entregar mais escala e maiores experiências".

Ajudar as pessoas de verdade é algo que pode ser feito nas empresas de uma forma que gere retorno significativo aos acionistas. Em empresas pequenas, essa é uma tarefa mais factível, já a aplicabilidade desse modelo mental para grandes corporações pode ser mais complexa.[3] Para os líderes movidos pelo propósito, ajudar as pessoas a realizar grandes conquistas é um dos maiores motivos para se construir uma empresa.[4]

Ajudar as pessoas não se restringe ao ambiente de trabalho, mas impacta a vida como um todo. Criar ambientes dentro e fora do âmbito profissional para que elas se desenvolvam e compreendam suas emoções e as dos seus colegas faz parte da construção da liderança

----
[3] White *et al.*, 2017.
[4] Mitroff, 2016.

movida pelo propósito e corrobora o desenvolvimento de uma experiência de liderança mais impactante.[5]

O líder da Empresa D, **GUILHERME**, afirma: "Uma das coisas que me acompanha e com a qual me sinto bem é quando posso ajudar as pessoas." Já para a gerente da Empresa E, **KELLY**, o propósito passa por "ajudar as pessoas a terem uma vida melhor. Faço isso por meio do meu trabalho".

Ajudar as pessoas é algo que está conectado com um comprometimento que ultrapassa a si mesmo e com uma atitude afirmativa para criar bons trabalhos e serviços que farão com que as pessoas floresçam e se desenvolvam. Isso tem a ver com tratar as pessoas com respeito e consideração, na busca de um crescimento sustentável.[6] Há claramente um sentimento de retribuição, percepção que a declaração de **RUY**, CEO com mais de dez anos de Empresa E, confirma:

GUILHERME
Empresa D | CEO
Tempo de empresa: 7 a 9 anos
Função: líder
Tipo de Empresa: não listada

KELLY
Empresa E | Gerente
Tempo de empresa: 4 a 6 anos
Função: liderado
Tipo de Empresa: não listada

RUY
Empresa E | CEO
Tempo de empresa: mais de 10 anos
Função: líder
Tipo de Empresa: não listada

----
[5] Ashford, Susan J.; Derue, 2012.
[6] Karns, 2011.

"Outra coisa, que não é exatamente um propósito... como venho de uma família muito simples, sem muitas condições, sempre tive muita gente que me apoiou. Quando entrei para o segundo grau, teria que ir para uma escola pública, e uma das minhas professoras do primeiro grau me ajudou a conseguir uma bolsa em uma escola privada bem melhor. Depois consegui uma bolsa no cursinho com o diretor da escola que me ajudou. Então, somado às causas sociais, sempre tive um sentimento de agradecimento; consegui várias coisas porque muitas pessoas me ajudaram, então tenho o dever de devolver de alguma maneira."

Promover o desenvolvimento pessoal

A segunda subcategoria apresenta trabalho e propósito como uma possibilidade de desenvolvimento pessoal, tanto no que tange aos próprios entrevistados quanto ao que eles buscam proporcionar aos seus pares, liderados e líderes. Andreia, com quase dez anos de empresa, afirma que: "Se conhecer é o grande barato, é o grande processo; não existe empresa consciente sem um líder consciente, e para o líder ser consciente ele tem que entender suas próprias idiossincrasias; não existe, ou não conheço, outra forma." Já Bernardo declarou: "Faço um trabalho um a um mesmo; hoje são oito pessoas com quem faço esse trabalho um a um, com conversas semanais para buscar desenvolvimento pessoal."

Para que os membros da organização desenvolvam seu potencial e transformem o propósito em ação, é necessário um alinhamento de propósitos que seja centrado nas pessoas. As organizações movidas pelo propósito têm, além da dimensão econômica, uma genuína e rica consciência humana, que celebra o bem comum e promove o desenvolvimento daqueles que lá trabalham.

Para construir um trabalho que proporcione desenvolvimento pessoal, é fundamental que a cultura de liderança seja focada nas pessoas e em suas individualidades. Esse não é um compromisso exclusivo do líder, ao contrário, os liderados têm grande responsabilidade para com seu próprio desenvolvimento e com a administração e a superação dos desafios do trabalho,[7] colocando abaixo a imagem da necessidade de um líder herói, do qual tudo emana. O papel do líder nesse processo é o de catalisador de processos e da transformação do propósito em crescimento para as pessoas e para a organização.

----
[7] Bass; Avolio, 1990.

A cultura de uma empresa que preza pelo desenvolvimento de seus colaboradores, no sentido amplo — líderes, liderados e demais participantes —, deve ter como um de seus pontos centrais o trabalho de autoconhecimento dos líderes. Aqui, não estamos necessariamente falando sobre cargos, mas sim sobre os que têm mais consciência, responsabilidade e influência em uma organização. A partir do desenvolvimento de um, há um grande potencial para que essa consciência com propósito se espalhe e passe a influenciar o desenvolvimento dos demais integrantes da empresa.[8]

A empresa é um grupo de pessoas que trabalha para oferecer produtos e serviços para a sociedade. Nesse processo, geram valor econômico, entregam valor para o cliente e criam o contexto necessário para o desenvolvimento profissional e pessoal. A falta de atenção ao desenvolvimento das pessoas pode ser reflexo da falta do desenvolvimento de liderança. Muitas organizações focam apenas o aprimoramento genérico de competências e deixam de lado o desenvolvimento do ser humano. Contudo, para que a organização cresça, é necessário que as pessoas se aperfeiçoem, e isso implica encarar a realidade nua e crua e sair da zona de

----

[8] Voss, 2017.

conforto; só assim haverá um suporte verdadeiro para a consolidação da liderança.[9]

Gerar impacto positivo

A geração de impacto positivo é inexorável à construção da liderança nas empresas movidas pelo propósito. Bernardo afirma que seu propósito "é estar engajado em um negócio que possa transformar o mundo de alguma forma. Estar engajado e desenvolver um negócio que, por meio da sua cadeia produtiva e do seu produto, consiga ser transformador e tenha um impacto social". A gerente da Empresa F, **CINTIA**, declara que o propósito "em linhas gerais é como eu faço para minha atuação gerar algum impacto positivo. Eu quero causar impacto positivo, mas quero ter qualidade de vida, quero ter liberdade de ser o que eu sou em qualquer lugar".

> **CINTIA**
> **Empresa F** | Gerente
> **Tempo de empresa**: 1 a 3 anos
> **Função**: liderado
> **Tipo de Empresa**: Sistema B e *Game Changers*

Causar impacto positivo é um dos grandes desafios e, ao mesmo tempo, o grande *drive* que move as pessoas a construir suas empresas e trabalhos. Em geral, os negócios perderam seu propósito primordial — que era suprir

---

[9] Spreitzer, 2006.

as necessidades fundamentais da sociedade e criar valor para as pessoas, entregando-lhes produtos e serviços e recebendo por isso — e passaram a ter um foco quase exclusivo no lucro a qualquer custo, sem entender o impacto de mazelas sociais na cadeia de valor.[10]

A literatura sobre liderança autêntica reforça que a relação entre liderança, líder e liderado tem, em seu centro, o potencial para gerar impacto positivo na criatividade e no desenvolvimento dos negócios.[11] De acordo com a quinta edição da pesquisa *Deloitte Millennial Survey* apresentada em 2016, a escolha por organizações que contribuem e geram desenvolvimento, causando impacto positivo no mundo, é um dos princípios que guiam a carreira dos *millennials* — os nascidos entre 1983 e 1994. Dinheiro e prestígio estão deixando de ser os primeiros nessa escala de valor.[12]

As organizações com propósito, e comprometidas com os impactos positivos que visam causar, impulsionam sua força de trabalho a produzir mais resultados tanto para a empresa quanto individualmente, pois criam um sentimento de que se está trabalhando por

----
[10] Porter; Kremer, 2011.
[11] Hutchinson, 2018.
[12] Stahlhofer; Schmidkonz; Kraft, 2018.

algo maior, gerando, assim, vantagens competitivas para a empresa.[13]

Uma liderança mais humana sustenta e promove uma sociedade mais inclusiva por meio das próprias empresas como agentes de mudança positiva. Elas trazem, de forma inovadora, produtos e serviços que diminuem as desigualdades, conectando-se a um propósito maior que atinge a todos os *stakeholders*.[14] Tanto os que servem de modelo quanto os que testemunham o resultado das escolhas feitas no dia a dia da organização são influenciados e influenciadores, pois este é um caminho de mão dupla.[15]

Os professores de Harvard, Craig e Snook, trazem a percepção dos executivos com quem trabalharam e que afirmam que a definição do propósito é a chave para aprofundar o impacto, tanto na vida pessoal como na profissional. Para eles, definir seu propósito e encontrar a coragem para viver de acordo com ele é a tarefa isolada de desenvolvimento mais importante a que o líder deve se dedicar. A consciência do próprio propósito e o alinhamento com o da organização provêm uma base

- - - -
[13] Fry; Slocum, 2008.
[14] Barki, 2017.
[15] Mitroff, 2016.

para que todos os envolvidos sejam impactados de forma positiva e, consequentemente, a sociedade de uma maneira mais ampla.[16]

Eliminar a separação entre o pessoal e o profissional

A ideia e a noção de propósito não são novas, bem como a literatura que traz a sua importância nos âmbitos pessoal e individual. Quando se fala em propósito, entende-se que os valores passam necessariamente pela compreensão de cada pessoa, tornando esferas supostamente distintas — pessoal e profissional — indissociáveis.[17] Quando encontrado e aplicado, o propósito funciona praticamente como uma marca pessoal, que revela e comunica a própria identidade e que se manifesta em todos os aspectos da vida, tornando-o, na verdade, indissociável a qualquer âmbito: profissional, pessoal, familiar etc.

Dado esse tema, os entrevistados discorreram a respeito da conexão entre áreas supostamente distintas: a vida pessoal e a profissional. Em resumo, a conclusão

----
[16] Hollensbe et al., 2014.
[17] Hutchinson, 2018.

apresentada é que, para quem é movido por propósito, não há distinção na aplicação de seus valores no trabalho e em casa. A líder da Empresa G, **CAMILA**, declara: "O meu trabalho está muito alinhado comigo, tem uma questão familiar; a minha família me criou para trabalhar." Já Kelly diz: "É interessante falar isso, porque meu propósito pessoal está muito relacionado ao propósito da empresa; foi por isso que eu optei por ser dona de uma unidade e trazer a empresa para cá." **LU**, analista da Empresa H, reforça: "O que eu defino como propósito pessoal ligado ao trabalho é que meus valores estejam integrados com o que eu faço no dia a dia, e que eu consiga ver algum resultado, que aquilo tenha um motivo para o todo." Pedro N. confirma: "Como defino o meu propósito é como defino a maneira como me coloco no mundo; assim, o meu propósito como empresário está muito alinhado com a maneira como me coloco no mundo."

CAMILA
Empresa G | CEO
Tempo de empresa: 1 a 3 anos
Função: líder
Tipo de Empresa: não listada

LU
Empresa H | Analista
Tempo de empresa: 1 a 3 anos
Função: liderado
Tipo de Empresa: não listada

O propósito das organizações emerge das pessoas, daquilo que lhes é mais profundo e verdadeiro. Assim, nas empresas movidas pelo propósito, não existe uma lógica de valores aplicados dentro da empresa e outra fora dela. Este é o modelo mental e de negócios por meio do qual se deve construir a liderança, uma lógica que considera o ser humano como um todo e não cindido. Por isso, o propósito da empresa não pode ou não deve ser imposto, mas escolhido (ou rejeitado), aceito ou adotado por aqueles que nela trabalham. Quando o propósito organizacional se alinha com o dos que lá trabalham, ele extrapola o âmbito da organização e abarca a vida como um todo. Ou seja, não deve existir um pacote de valores para dentro da organização e para os negócios e outro para a vida particular; quando as pessoas encontram seus valores e propósitos, estes permeiam a vida integralmente.[18]

As pesquisas revelam que a aplicação do propósito pode ser algo difícil e trabalhoso. Entre os vários motivos, encontra-se o fato de que grande parte das pessoas não sente a necessidade extrema de buscar um propósito mais profundo.[19] Em contrapartida, argumenta-se que não apenas ter ciência do propósito, mas buscá-lo como um trabalho de autoconhecimento, estimula líderes e, consequentemente, as organizações, na construção de um diferencial competitivo no caminho do

• • • •
[18] Kempster; Brad; Conroy, 2011.
[19] Miguel, 2016.

crescimento.[20] O desafio da descoberta de um propósito maior de existir, tanto para o indivíduo quanto para a empresa, tem o potencial de ser altamente benéfico não só para estes, mas para a sociedade como um todo, podendo gerar reflexões mais profundas sobre o papel da firma.[21]

Diversas contribuições dos entrevistados para essa pesquisa indicam que eles veem o trabalho como a forma mais efetiva de implementação do propósito pessoal. A construção de uma vida plena passa pelo trabalho, e o seu legado se constrói por meio dele. O trabalho de autoconhecimento parece estar conectado com o *lifestyle* mais moderno dentro das organizações, que não mais diferencia tanto o pessoal do profissional, já que estão sendo proporcionados ambientes mais criativos, nos quais se pode ser mais original, ao mesmo tempo em que se aumenta a eficiência.[22]

Ser feliz

Esta subcategoria da pesquisa demonstra como líderes e liderados de empresas movidas pelo propósito têm a

---

[20] Miguel, 2016b.
[21] Bendell; Sutherland; Little, 2017.
[22] Miguel, 2016.

felicidade como parte fundamental e imprescindível à vida, seja pessoal ou profissional. Quando perguntado sobre o propósito, **LEONARDO**, CEO da Empresa H, afirmou que "já foi mais complicado, mas, hoje, ser feliz está de bom tamanho". Camila diz que sempre quis viver a vida bem vivida, que é uma pessoa que acorda e faz o "seu" muito bem; é a pessoa do copo cheio, que deseja viver uma vida feliz. Marc declara que seu propósito é trabalhar com pessoas e empresas que estejam alinhadas com seus valores e intenções, para que possa fazê-lo mais tranquilo e mais feliz.

LEONARDO
Empresa H | CEO
Tempo de empresa: 7 a 9 anos
Função: líder
Tipo de Empresa: não listada

Tanto dentro quanto fora do ambiente de negócios, a felicidade e a busca consciente por ela são de grande relevância e parte indissociável das empresas e pessoas movidas pelo propósito. A escolha por uma vida feliz impacta positivamente as empresas, promovendo cooperação e melhores interações. Consequentemente, observa-se um melhor clima organizacional e melhores relações interpessoais.[23] Líderes movidos pelo propósito optam por manter os sensos de felicidade e de significado como parte da equação que dimensiona

----
[23] Stahlhofer; Schmidkonz; Kraft, 2018.

o crescimento de suas empresas,[24] e preferem crescer mais devagar a corromper seus valores — isso inclui a felicidade própria e a daqueles com quem trabalha.

É tarefa essencial da liderança ajudar as pessoas a cumprirem a sua missão enquanto desenvolvem relações interpessoais saudáveis e experienciam um senso de felicidade e evolução que transcende o próprio indivíduo. Nesse sentido, Pedro N. afirma: "De certa forma, meu propósito é direcionado a apoiar organizações e times a terem mais performance, a alcançarem seus objetivos e a serem mais felizes, se satisfazendo e se desenvolvendo."

Pessoas felizes trabalham com mais disposição e prontidão, afetando de maneira positiva toda a organização. As questões financeiras são importantes, mas não são o fator primordial de motivação. Quando se trata da construção de liderança movida pelo propósito, tanto líderes quanto liderados não corrompem seus valores por ganhos materiais e agem com honestidade, integridade e respeito, independentemente do ambiente no qual se encontram. Há uma forte consciência do que realmente importa para eles: criar e viver uma vida

. . . .
[24] Mitroff, 2016.

virtuosa, repleta de significado e feliz, ao mesmo tempo em que respeitam e aceitam perspectivas diferentes das suas.²⁵ Dessa forma, celebram a diversidade e promovem a geração de valor para a organização. **JOÃO***, gerente na Empresa B, afirma que seu propósito pessoal "é ser feliz e impactar positivamente a vida das pessoas, sempre fazendo o que é melhor para o mundo e para mim também — esse é basicamente meu propósito pessoal".

> **JOÃO***
> **Empresa B** | Gerente
> **Tempo de empresa**: 1 a 3 anos
> **Função**: liderado
> **Tipo de Empresa**: Capitalismo Consciente

Para a liderança movida pelo propósito, como vimos acima, a felicidade não está apenas relacionada ao caráter individual, mas fundamentalmente à promoção dela em relação a todos. O propósito é basilar para a felicidade e para uma vida plena, assim como a falta dele nos encaminhará para a infelicidade individual.²⁶ O ser humano não busca a felicidade *per se*, mas busca sentido, significado, e isso por fim trará felicidade.²⁷

----

[25] Stahlhofer; Schmidkonz; Kraft, 2018.
[26] Frankl, 2004.
[27] Frankl, 1985.

Ter valores conectados à prática

Como mencionamos alguns tópicos acima, as pessoas movidas pelo propósito têm um conjunto de valores que se aplica a todas as ações, dentro e fora da organização em que trabalham. A consciência sobre o propósito e os próprios valores é fundamental para que a prática seja norteada por eles.

Quando os líderes agem de forma a tornar claro que suas ações são guiadas por valores, elas impactam e inspiram os liderados e as pessoas à volta, expandindo o comportamento ético, diminuindo o medo e desenvolvendo um ambiente de confiança dentro da organização. Para a liderança movida pelo propósito, não existe ambiguidade ética ou de valores ou uma moral parcial; não há diferença entre personalidade de trabalho e de casa.[28] Para Lu, "é importante que os valores estejam integrados no dia a dia com o que eu faço, e que eu consiga ver algum resultado".

Da mesma forma, Marc reforça: "Busco oferecer genuinamente para aqueles que nos contratam os mesmos valores que a gente tem na vida, então a gente não trapaceia e não quer sair ganhando em cima do cliente."

[28] Voss, 2017.

Agir é fundamental, mas fazer com que exista uma clara percepção da conexão também é importante. É essencial que na construção da liderança movida pelo propósito exista um reconhecimento de que há consistência e alinhamento entre os valores das pessoas e os da organização, e que isso seja verdadeiro e traduzido em ações.[29] Pedro N. declara que ele "ajuda as organizações a identificar seu propósito com clareza, a identificar princípios sólidos e entender como isso se transforma em produtos". Na mesma linha, **TOBIAS**, CEO da Empresa C, afirma: "de nada adianta tu teres um propósito se esse propósito não for acessível para as pessoas; seja ele qual for, as pessoas devem poder compartilhar e participar efetivamente desse projeto".

> **TOBIAS**
> **Empresa C** | CEO
> **Tempo de empresa**: 1 a 3 anos
> **Função**: líder
> **Tipo de Empresa**: não listada

A liderança movida pelo propósito tem como base a congruência e a integralidade. Propósito e valores devem ser internos e transbordar em ações efetivas em todas as áreas da vida, sem qualquer cisão entre os âmbitos pessoal e profissional.

----
[29] Hollensbe et al., 2014.

2ª CATEGORIA: CONEXÃO COM OS PROPÓSITOS E VALORES DA EMPRESA

Aqui, apresentaremos as atitudes que criam uma conexão entre as pessoas e a empresa. Esta categoria também foi dividida em seis subcategorias: estabelecer um alinhamento; comunicar propósitos e valores; construir um modelo horizontal; permitir o diálogo aberto; ser exemplo; ter conteúdo e conhecimento; e colocar valores e propósitos em primeiro lugar.

Estabelecer um alinhamento

Com propósito, a liderança não se restringe apenas a aportar energia para a empresa e para si, mas promove o potencial das pessoas à volta, e isso passa pelo alinhamento do propósito pessoal com o da organização.[30] Ou seja, as pessoas que trabalham em empresas movidas pelo propósito alinham seu propósito individual com o da empresa e assumem responsabilidades de acordo com este.[31] O CEO Guilherme diz: "A principal questão que eu considero uma premissa para comprometer as pessoas é realmente ter um propósito

---

[30] Wilson, 2017.
[31] Stahlhofer; Schmidkonz; Kraft, 2018.

verdadeiro e que as suas atitudes estejam alinhadas com isso." No mesmo sentido, Pedro N. diz: "Alinhar expectativas — para mim, isso talvez seja a coisa mais importante para se ter uma liderança consciente com os liderados."

Para os líderes dessas empresas, não há lugar para desalinhamento de valores fundamentais, como afirmou Marc: "Não tem como as pessoas trabalharem com a gente e não pensarem dessa forma, então, quem não está pensando ou quem não pensa dessa forma, quem não está alinhado com esses valores, raramente fica."

Além do alinhamento interno, essas organizações olham para fora e buscam se aproximar da sociedade e de seus *stakeholders*. Não há mais espaço para empresas que desconsideram seu impacto no mundo e nas pessoas, ou que trabalham de forma desumanizada e não consciente.[32]

João* dá a sua contribuição: "Todo mundo na sua área, de acordo com suas competências, trabalha alinhado em prol de um objetivo maior, que é desenvolver pessoas, e todo mundo se ajuda."

• • • •

[32] Mackey; Sisodia, 2016.

O grande desafio a ser encarado pelas organizações atualmente é desenvolver alinhamento. Para John Mackey, o já mencionado CEO e fundador da Whole Foods, os negócios do século 21 precisam mudar o foco de maximização do lucro para maximização do propósito. Ele diz, ainda, que, se as organizações alinharem as estratégias, os sistemas e a estrutura ao redor de um propósito maior, o resultado será "fazer mais dinheiro do que se imaginaria ser possível".[33]

Para gerar e manter o alinhamento entre as pessoas com a organização e da organização para com o mundo, os líderes movidos pelo propósito optam deliberadamente por um crescimento mais lento e sustentável.[34] Manter o alinhamento é mais importante do que obter lucros e, como já vimos, organizações com propósito, valores fortes e líderes disciplinados dão mais resultados que as concorrentes. Desalinhamento, por outro lado, destrói o empenho; quando as pessoas não se sentem conectadas com o propósito e os valores da organização, muito provavelmente a deixarão,[35] e é papel fundamental da liderança evitar que isso aconte-

----

[33] 2012, apud Miguel, 2016.
[34] Mitroff, 2016.
[35] Miguel, 2016b.

ça. É evidente a diferença entre uma pessoa focada na carreira, que trabalha das 9h às 17h em troca de um salário, e alguém que trabalha guiado por um propósito. A ciência do propósito, por si só, já tem o poder de gerar alinhamento e conexão. A consequência disso, além de trazer crescimento para a organização, é a promoção de um senso de completude e vida plena, que volta para a empresa na forma de entusiasmo e resultado.[36]

Comunicar propósitos e valores

Nesta subcategoria, é explorada a importância de que os valores e propósitos da empresa sejam comunicados com efetividade. Guilherme afirma: "A questão de ser líder é muito complexa e existe a necessidade de estar sempre batendo nestas questões, reforçando valores e reforçando a cultura." Kelly diz que "o propósito é falado em vários canais no dia a dia; ele está muito presente, estampado na parede".

Comunicar a visão é inexorável à liderança, assim como é um dos grandes desafios desta. Recai sobre aqueles com mais consciência e autonomia a responsabilidade maior de comunicar de maneira efetiva os

---

[36] Cunha; Rego; Castanheira, 2016.

valores para que o comprometimento seja criado.[37] Não adianta ter um propósito grandioso e não conseguir conectá-lo com as pessoas, tanto dentro quanto fora da organização. Mas, antes de comunicar, deve-se estabelecer ou descobrir qual é o propósito maior da empresa, que, sendo verdadeiro, gera estabilidade interna, diminui as divergências e incrementa o esforço e a lealdade daqueles que nela trabalham.[38]

Quando se fala em comunicar propósito e valores, não se trata apenas de uma comunicação formal, mas de comportamentos e atitudes que comunicam. Deve haver congruência entre o pensar, o sentir e o agir na direção de um sentido comum.[39] Muitas vezes, comunicar significa traduzir para os vários níveis de compreensão dentro de uma mesma organização. O fundamental à liderança é compreender e comunicar os valores em princípios de forma que estes sejam impregnados tanto na estratégia quanto na tática da organização.[40]

---

[37] Miguel, 2016.
[38] Craig; Snook, 2014.
[39] Stahlhofer; Schmidkonz; Kraft, 2018.
[40] Kurucz et al., 2017.

Construir um modelo horizontal

Esta subcategoria aponta a importância de uma revisão no paradigma vertical que ainda permeia muitas empresas. A liderança movida pelo propósito não propõe a desconstrução total da verticalidade, mas a combinação de processos horizontais e verticais para uma condução mais sustentável das organizações.[41]

O líder Marc diz que "o que nos diferencia entre todas as agências é a nossa cultura. Não falando apenas de causas, mas da forma de trabalhar, se divertir; a maneira como a gente se trata, de horizontalizar o processo". Cintia declara que qualquer outra pessoa tem acesso a ela, então a empresa tem uma gestão muito horizontal. Bernardo corrobora afirmando que a empresa acredita em um modelo de trabalho mais horizontal: "Para a gente é um desafio bem grande quebrar uma cultura tradicional de liderança. Durante oito meses, fizemos vários experimentos sobre como quebrar essa cultura *top-down*."

Construir uma organização horizontal exige mais maturidade e segurança emocional de líderes e liderados, pois todos têm a responsabilidade da cultura de

----
[41] Stahlhofer; Schmidkonz; Kraft, 2018.

liderança.[42] Contudo, é indissociável da figura do líder a responsabilidade de fazer a integração horizontal dentro da organização; assim, usa-se o paradigma vertical e o reforço institucional para a construção de relações igualitárias dentro da empresa, que geram mais sinergia de trabalho e de relacionamento entre as pessoas.[43]

Permitir o diálogo aberto

Esta subcategoria diz respeito à liberdade para conversar livremente dentro das organizações. Joan Marques cita Nelson Mandela como exemplo de mudança de estratégia para atingir resultados alinhados com o propósito. Após 27 anos na prisão, ele passou a dialogar de forma aberta, inclusive com os inimigos, para poder gerar mudanças efetivas em uma nação inteira. A conexão entre as pessoas e o alinhamento com foco em um propósito compartilhado só podem ser alcançados com diálogo aberto;[44] a transparência diminui a distância entre as pessoas do grupo e faz com que elas se vejam como iguais, aumentando assim o comprometimento.

----

[42] Voss, 2017.
[43] Kurucz et al., 2017.
[44] Eriksen; Cooper, 2017.

O diálogo é sempre uma discussão de no mínimo duas vias, não são discursos ou anúncios feitos de forma unilateral, e tampouco incluem apenas as pessoas que trabalham dentro da empresa, mas deve alcançar todos os *stakeholders* e, inclusive, os concorrentes.[45] Manter o diálogo vivo e fluente fomenta oportunidades de aprendizado dentro da organização, mantém as pessoas motivadas e em movimento, independentemente das possíveis incertezas que possam surgir em relação às estratégias estabelecidas pela empresa. O diálogo é fundamental para gerar conexão e sinergia não só entre pessoas, mas entre setores da empresa, ativando a compreensão e o reconhecimento das diferenças e as utilizando de forma a construir ambientes mais colaborativos.[46]

Lu diz que "desde as questões mais bobas até questões mais complexas, existe uma escuta ativa da liderança, e não é uma escuta por escutar, é uma escuta efetiva de fato, que mudará alguma coisa". No mesmo sentido, Cintia afirma que a "abertura e o diálogo criam uma empatia e fazem com que você se conecte com as pessoas com quem trabalha, e aí o propósito começa a

• • • •
[45] Voss, 2017.
[46] Kurucz *et al.*, 2017.

entrar em você e você começa a se contagiar com aquilo". Sobre o diálogo, Camila declara: "Busco ser muito transparente com a minha empresa; com o serviço que eu presto; tenho um diálogo muito aberto com meus clientes."

Para os professores Nonaka e Toyama, a construção de uma liderança que abarque toda a organização de maneira a levar o propósito e os valores para todos os níveis requer conhecimento aplicado à prática e habilidade de diálogo. O diálogo e o movimento dialético entre pessoas diminuem os espaços entre elas, instigando comprometimento e performance.[47] A prática do diálogo está relacionada à construção de um ambiente de transparência que permita trocas autênticas a partir do reconhecimento das forças e dos pontos fracos de cada um.[48]

Ser exemplo

Esta subcategoria reforça a importância da congruência entre o que se professa e o que se faz. A coerência entre o discurso e as ações é fundamental para

----
[47] Uhl-Bien, 2006.
[48] Spreitzer, 2006.

que haja comprometimento. Quando perguntada sobre o que gera o comprometimento das pessoas com o propósito, a CEO Andreia respondeu da seguinte forma: "Acredito que seja uma questão de congruência, *walk the talk*, ser exemplo." A entrevistada Kelly confirma: "Acho que a liderança inspiradora engaja por meio do exemplo." Para o CEO da Empresa I, **HENRIQUE**, "o interesse da liderança é alcançar o propósito, e as nossas atitudes diárias demonstram isso. Então, acho que são as atitudes do dia a dia".

HENRIQUE
Empresa I | CEO
Tempo de empresa: 1 a 3 anos
Função: líder
Tipo de Empresa: não listada

A organização como um todo deve ser exemplo do que professa; o discurso deve estar alinhado com a prática. Esta tradução de discurso em ações deve permear toda a empresa, em todos os níveis. E há algo ainda mais sofisticado: além de se fazer o que se fala, isso precisa ser percebido claramente pelas pessoas, ou seja, a consistência e o alinhamento têm de ser reais e percebidos como tal para que gerem comprometimento e performance.[49] O trabalho que cria conexões é muito similar a uma casa cheia de amigos que se respeitam e

----
[49] Hoffman *et al.*, 2011.

se admiram, e que agem não apenas para si próprios, mas também para aqueles que admiram e respeitam.[50]

Ter conteúdo e conhecimento

Além do propósito e dos valores, ter conhecimento sobre o que se faz, produz e vende é fundamental para gerar a conexão necessária entre discurso e prática. Andreia relatou o seguinte: "Temos uma série de conhecimentos não científicos. Mas se trabalharmos muito com o ambiente organizacional não conseguimos vender, pois eles não gostam de coisas que não têm cientificidade." A CEO Camila afirma que as pessoas se comprometem com quem tem o conhecimento.

O envolvimento, tanto da equipe quanto dos clientes, está relacionado à credibilidade dos líderes e da organização; e um dos fatores relevantes para isso é o grau de expertise que a liderança possui na área em que atua, bem como o conteúdo e o conhecimento que são percebidos pelas pessoas. Faz diferença ter oportunidade de aprender e espelhar-se em pessoas que realmente sabem o que fazem.[51] Assim, podemos afirmar que a credibili-

---

[50] George, 2003.
[51] Jones et al., 2014.

dade, tanto da organização quanto das pessoas que lá trabalham, aumenta a confiança, o comprometimento e a lealdade dos colaboradores para com a marca.[52]

Colocar valores e propósitos em primeiro lugar

Esta categoria reforça que a tomada de decisão, as estratégias e as táticas da empresa têm os valores e o propósito sempre como pressuposto, como norte. As ações de liderança são lastreadas e balizadas pelo propósito, como vemos na fala de Kelly, quando afirma que "essa filosofia que está por trás de tudo que a gente faz é algo que inspira muitíssimo, assim como olhar para a missão na hora de tomar as decisões". Ruy declara, no mesmo sentido: "Quando fico na dúvida, eu penso na missão, que caminho reforçará o propósito; então, quando você faz isso, sempre tem uma justificativa para sua ação." O CEO Pedro N. diz que o ideal "é criar uma gestão olhando primeiro para os valores, o que eu consigo fazer em gestão para viver cada um deles; então, a comunicação fica natural. Inclusive, coerência é a palavra que a gente mais usa".

----

[52] Barkemeyer, 2009.

Os líderes que desenvolvem o comprometimento e a motivação para liderar mantêm a energia para persistir e encarar obstáculos e problemas intercorrentes. Isso só acontece com foco no propósito para fazer o negócio crescer.[53] As evidências apontam que as organizações se beneficiam fortemente do comprometimento das pessoas, que se dá quando elas acreditam estar trabalhando em nome de algo que vale a pena.[54] Estabelecer um propósito maior cria estabilidade nas organizações e incrementa tanto lealdade quanto comprometimento, algo que ultrapassa o entusiasmo gerado por compensações financeiras.[55]

Um senso duradouro de propósito é uma das causas mais significativas que se apresentam como explicação para que poucas empresas se mantenham com uma performance positivamente fora da média durante um tempo longo quando comparadas com seus competidores.[56]

----

[53] Hutchinson, 2018.
[54] Hutchinson, 2017.
[55] Craig; Snook, 2014.
[56] Collins, 2015.

3ª CATEGORIA: DIGNIDADE

Aqui, veremos as atitudes da liderança que corroboram para a construção de relações verdadeiras e saudáveis dentro da empresa em cinco subcategorias: criar um ambiente leve e agradável; promover a colaboração; estabelecer a confiança; fazer o que se fala; e incentivar relações mais humanas.

Cada indivíduo deve ser respeitado como ser humano, e não como um recurso; como alguém, e não como um capital. Como dissemos anteriormente, se os valores pessoais são deixados em casa para que novos valores e propósitos sejam exercidos no trabalho, todos perdem: as pessoas, a empresa e a sociedade.[57] Dignidade, nesse contexto, significa tratar e considerar as pessoas em sua totalidade, e não fragmentadas ou cindidas.

Criar um ambiente leve e agradável

O cuidado com o ambiente e o clima de trabalho são determinantes em uma empresa que valoriza relações verdadeiras e saudáveis. As pessoas têm seus valores e levam-nos para o trabalho, e um bom ambiente faz com que se possa ser e estar de forma mais autêntica. Kelly

----
[57] Hollensbe et al., 2014.

revela: "Quando encontrei uma empresa cujo propósito é construir uma sociedade melhor por meio dos ambientes de trabalho, aí as duas coisas se casaram muito."

O respeito ao próximo, às suas diferenças e características reforça a dignidade dentro da organização. Sobre o ambiente de trabalho, **PAOLA**, coordenadora na Empresa D, diz: "Isso é muito favorável; hoje, por exemplo, acordei sem saber o dia que era em função do feriado e eu vou superfeliz trabalhar na empresa; gosto de ir para lá, é muito bom ir trabalhar feliz, tomar um cafezinho com a equipe..."

PAOLA	
Empresa D	Coordenadora
Tempo de empresa:	7 a 9 anos
Função:	liderado
Tipo de Empresa:	não listada

Promover a colaboração

Esta subcategoria incrementa o conceito de dignidade buscando mais coesão e auxílio mútuo. Como vemos na declaração de Leonardo: "A gente tenta cada vez mais ser colaborativo, construir algumas coisas, escrever os nossos valores; o grupo se junta e sai com uma proposta de valores apresentada para um grupo maior." Experiência e compreensão de como se estabelecer um propósito compartilhado por parte da liderança são cruciais para promover uma forma mais colaborativa de trabalho entre times e membros da organização.[58] Estudos indicam que os valores e princípios devem fazer sentido para os *stakeholders* e, assim, ativar a colaboração e a cooperação na direção de resolver problemas, gerar valor e construir organizações sustentáveis.[59]

Paola relata: "Na verdade, é todo mundo junto; se dá problema em alguma parte, é problema de todos, pois todos vão deixar de ganhar, todos vão ter que rever as coisas, todos terão que trabalhar de novo. É tudo junto." A colaboração gera dignidade, e a dignidade gera colaboração. João* corrobora esse posicionamento na passagem: "Este clima de colaboração parte das lideranças, óbvio, mas não é algo formal, não está escrito em algum lugar; as lideranças estimulam o ambiente mais leve de colaboração." O entrevistado Tobias acrescenta: "A gente constrói nossas relações com transparência, um espírito ganha-ganha, tentando sempre implementar uma cultura mais orgânica e colaborativa."

O propósito dentro da organização promove um senso de direção colaborativa entre líderes e liderados que transcende a eles mesmos: orienta o trabalho, guia

----

[58] Eriksen; Cooper, 2017.
[59] Kurucz *et al.*, 2017.

as decisões, influencia a forma e o local onde se alocarão os recursos e os esforços conjuntos.[60]

Estabelecer a confiança

A construção de confiança não é algo que acontece rapidamente; exige tempo e requer paciência e habilidade, principalmente por parte dos líderes, que são peças-chave nesse processo. As pessoas são muito diferentes, e isso precisa ser levado em conta.[61] A confiança é um valor intangível que ativa a colaboração entre as pessoas e incentiva a construção de um propósito coletivo, mas que não exclui os propósitos individuais.[62]

Kelly relata que "o cerne da metodologia da empresa, que é o que a gente aplica com os clientes, tem a ver com a confiança; é o que a gente prega se tu queres construir um excelente lugar para trabalhar".

Sobre confiança, Pedro N. afirma: "Transparência, no nosso grupo com 27 pessoas, é a palavra que mais falo, pois é uma condição para muita coisa, por exemplo, para a confiança. Se você sabe exatamente o que

----
[60] Damon; Menon; Cotton Bronk, 2003.
[61] Voss, 2017.
[62] Jordi, 2010.

esperar de mim e eu sei exatamente o que esperar de você, é mais fácil confiar, é uma condição necessária."

A confiança criada entre os liderados quando as palavras são traduzidas em ações e estas estão alinhadas com seus valores gera um grande comprometimento, e a percepção de integridade faz com que todos que trabalham na organização sintam-se confiantes e íntegros também.[63]

Fazer o que se fala

É necessário que a liderança tenha consciência de que a congruência não deve estar relacionada apenas às atitudes na organização, mas à pessoa como um todo; não adianta fazer o que fala no trabalho e ser incongruente na vida pessoal. Essa divisão se mostra cada vez mais tênue para aqueles que vivem uma vida lastreada em valores e propósito.

O líder Henrique reforça a importância da congruência quando declara que "cumprir com coisas que tu falas é muito mais do que ser honesto". Assim como **LUAN**, gerente na Empresa I,

LUAN	
Empresa I	Gerente
Tempo de empresa: 1 a 3 anos	
Função: liderado	
Tipo de Empresa: não listada	

[63] Voss, 2017.

quando afirma que "os sócios servem muito como espelho, porque tu vês os sócios virando sábado, domingo, trabalhando de madrugada. No último lançamento, teve o pessoal da produção que chegou na sexta-feira e saiu domingo".

Incentivar relações mais humanas

Aqui vemos a importância dos relacionamentos mais cuidadosos e humanos entre as pessoas. Observa-se isso nas palavras de **DANIELI**, líder da Empresa J: "Tento deixar minha empresa cada vez mais humana. É isso que eu quero que as pessoas entendam; com meus clientes, tento sempre ser o mais humana possível." Henrique reforça esse posicionamento quanto à forma de lidar com os erros: "Os líderes são jovens, estão começando a aprender. Cara, vai ter um monte de erro. E o que temos visto lá é que não é ruim quando a gente comete um erro, o assume e trata a situação com humildade."

DANIELI	
Empresa J	CEO
Tempo de empresa: 4 a 6 anos	
Função: líder	
Tipo de Empresa: não listada	

Tratar bem as pessoas reforça o propósito e gera conexão emocional entre indivíduos que incorporam verdadeiramente um ideal. As empresas movidas pelo propósito buscam afeto, amor, felicidade, autenticidade, empatia e compaixão, traduzidos na forma com que as pessoas são tratadas dentro e fora da empresa.

PEDRO S.	
Empresa K	CEO
Tempo de empresa: Até 1 ano	
Função: líder	
Tipo de Empresa: não listada	

Quando perguntado sobre quais atitudes de liderança se relacionam e promovem a dignidade, **PEDRO S.**, líder na Empresa K, respondeu simplesmente: "Carinho, cuidado com as pessoas." A conexão emocional entre as pessoas pode aparentar dispersão, contudo, o paradigma da liderança mais consciente nos mostra que, além de não atrapalhar, relações mais humanas e cuidadosas são lucrativas para os negócios.[64]

4ª CATEGORIA: SOLIDARIEDADE

Esta categoria expressa de que forma a liderança fortalece tanto os laços entre as pessoas quanto os da empresa com a sociedade; ela subdivide-se em três subcategorias: ter afinidade de propósito, transmitir valores e construir relações próximas.

----

[64] Mackey; Sisodia, 2016.

Ter afinidade de propósito

A solidariedade nas empresas pode ser resumida na frase *"Estamos todos juntos nisto"*.[65] Para que isso aconteça, é essencial que haja afinidade de valores, propósito, ideias e atitudes. Como já concluímos, o mercado não é uma zona livre de valores, e as empresas podem ter grande impacto no mundo ao promover valores virtuosos e colaborar com a sociedade.

Para Luan, "a mesma liberdade que nós temos, os afiliados têm de ter, e esses afiliados têm de ter um propósito semelhante. Tudo ocorre de maneira natural; tu encontras pessoas com quem compartilhas das mesmas ideias, dá liberdade para elas, explica bem o que tu fazes, mostras e, assim, o conteúdo chega".

Transmitir valores

Na transmissão de valores deve-se ressaltar a importância não apenas do conteúdo da transmissão, mas de fazer com que ela seja compreendida e seu propósito assimilado. Nas palavras da coordenadora Paola, "isso é muito importante; quando tu tens um atendimento legal em que a pessoa está feliz ali, isso passa para

---

[65] Hollensbe *et al.*, 2014.

ti. Então, em uma reunião com o cliente isso deve ser transmitido, e acho que isso é levar para fora o propósito do time".

São também importantes o reforço e a comunicação contínua, como relata João*: "Com os nossos clientes, nós estamos sempre conversando, oferecendo conteúdos e materiais, e estamos abertos ao diálogo. Para a equipe, nós damos suporte a fim de que trabalhe, dê continuidade aos processos de autoconhecimento e de desenvolvimento profissional; nós temos vários cursos profissionalizantes aqui na empresa."

Construir relações próximas

Quando se trabalha visando a um propósito maior, desenvolver relações próximas e amistosas é fundamental para construir negócios que trabalhem em prol de um bem comum.[66] Bernardo, da Empresa C, relata esse modo de agir e pensar na passagem: "A gente tem uma relação muito próxima com os nossos produtores locais; mais de 60% do que a gente consome no restaurante vem de produtores locais." E, na mesma linha, **ANTÔNIO**, gerente da Empresa J, relata que "a primei-

----
[66] Hollensbe et al., 2014.

ra coisa que a líder fez foi me apresentar a todos os agricultores familiares da feira, o nome de cada um, de onde são; são todos pessoas humildes e megatrabalhadoras. Conhecer a base já é um baita avanço para estreitar os laços".

ANTONIO*
Empresa J | Gerente
Tempo de empresa: Menos de 1 ano
Função: liderado
Tipo de Empresa: não listada

Uma forma mais próxima de relacionamento não ocorre apenas entre a equipe, mas também com os clientes, como relata **JULIANE**, gerente da Empresa G: "O quão incrível, e fantástico, é o laço e o carinho que nós temos com os clientes e que os clientes têm conosco. Existem clientes que já viraram amigos." No mesmo sentido, o líder Pedro N. relata: "Tem uma característica muito forte na nossa equipe que é a busca por empatia, saber se conectar com a outra pessoa, saber tratar todas as pessoas como ser humano, independentemente de quem seja."

JULIANE
Empresa G | Gerente
Tempo de empresa: 1 a 3 anos
Função: liderado
Tipo de Empresa: não listada

5ª CATEGORIA: PLURALIDADE

Esta categoria descreve como é a relação da liderança quanto à pluralidade, à diversidade de culturas, ao respeito e ao acolhimento de diferentes opiniões. Está dividida em quatro subcategorias: criar um ambiente seguro para que as pessoas falem, focar o comportamento e as atitudes, promover a integração, ter responsabilidade e consciência.

É indiscutível que pluralidade e diversidade são parte de empresas movidas pelo propósito; essas organizações não apenas tratam como importante, mas buscam agir proativamente na direção da celebração da pluralidade.[67] Ela é um grande desafio para qualquer organização e é facilitada por uma linguagem e uma cultura de liderança mais aberta, horizontal e menos hierarquizada.[68] Atos de liderança em prol da pluralidade de origens, *background* e ideias são geradores de criatividade e inovação, mas, se isso não fizer parte das prioridades da gestão da empresa, podem se perder facilmente no dia a dia.[69]

Incluir a pluralidade no contexto das organizações como uma forma de realizar o propósito pode auxiliar as pessoas a minimizar as resistências e criar oportunidades para o desenvolvimento da diversidade. Outro efeito importante do esforço para a criação de ambientes mais plurais é a garantia de que a diversida-

----
[67] White et al., 2017.
[68] Bendell; Sutherland; Little, 2017.
[69] Smith; Lewis; Tushman, 2016.

de não acabe por ser um evento isolado, mas uma busca coletiva e contínua lastreada em valores.[70]

As pessoas levam seus valores para o trabalho e, para que a singularidade de cada um não gere choques desnecessários e negativos, deve-se buscar atuar com o mais alto grau de respeito e dignidade, reconhecendo os valores humanos de cada indivíduo.[71] A pluralidade favorece a curiosidade e a inclusão, acima da desconfiança e do preconceito para com quem é e pensa diferente; corrobora a manutenção de valores e propósitos e incentiva o crescimento.[72]

Criar um ambiente seguro para que as pessoas falem

O líder Guilherme demonstra a abertura construída na empresa para que as pessoas se sintam seguras para falar o que pensam: "Uma das principais questões que eu procuro trazer, como líder, é que as pessoas tenham espaço para dar sua opinião. Eu realmente acredito que não importa se é uma pessoa que está em outra posição de liderança ou um estagiário que entrou há

---

[70] Hollensbe *et al.*, 2014.
[71] Jordi, 2010.
[72] Hollensbe *et al.*, 2014.

uma semana; acho que todo mundo tem muita coisa para contribuir."

Nesse sentido, para instigar o compartilhamento de informações, responsabilidade e honestidade entre líderes e liderados, as organizações devem criar ambientes abertos que promovam as boas relações humanas. Uma cultura de liderança que cria valor para a empresa e para o consumidor sem dúvida se dá em uma atmosfera na qual as pessoas estejam à vontade para criar e se manifestar.[73] A liderança movida pelo propósito busca criar um clima de trabalho amistoso, em que as pessoas desenvolvam um senso de comunidade e de pertencimento.[74]

STEPHANIE, coordenadora na Empresa A, ilustra o argumento anterior: "Tudo se torna mais fácil nessa relação quando a gente adota a postura de um plano mais horizontal, onde todo mundo aprende com todo mundo. E isso é uma coi-

STEPHANIE	
Empresa A	Coordenadora
Tempo de empresa: menos de 1 ano	
Função: liderado	
Tipo de Empresa: Capitalismo Consciente	

----

[73] Walumbwa; Christensen; Hailey, 2011.
[74] Mitroff, 2016.

sa que já acontece dentro da nossa estrutura; a opinião de cada um tem o mesmo valor."

Focar o comportamento e as atitudes

Conforme podemos constatar com os tópicos anteriores, líderes mais conscientes, além de buscarem desenvolver as próprias habilidades, têm em vista o desenvolvimento das pessoas dentro da organização com ética, valores e respeito ao próximo. Atitudes e comportamento atenciosos criam uma forte segurança emocional, e as pessoas se sentem mais à vontade para expor ideias e opiniões, sem medo de represálias.[75] Como relatou Henrique, "temos tolerância máxima com diversidade de opinião e tolerância baixa com comportamento dessintonizado com o nosso. A diversidade de opiniões não justifica, de forma alguma, tratar de maneira rude quem quer que seja".

Promover a integração

Esta subcategoria reforça a necessidade de haver ações de liderança que conectem todos os *stakeholders* a um propósito comum. A CEO Danieli traz, de maneira

....
[75] Semedo; Coelho; Ribeiro, 2017.

ampla, a sinergia que se busca de todos os envolvidos com a sua organização: "Estamos ajudando os pequenos agricultores e as pequenas empresas da região, então, a gente tenta conectar tudo isso; são pessoas diferentes; nossos clientes são uma coisa e nossos fornecedores são outra."

Já Luan afirma que "o que faz funcionar bem a questão da pluralidade lá dentro é o compartilhamento de conhecimento e a vontade das pessoas de aprender. O compartilhamento de ideias é o que faz os perfis diferentes se integrarem bem". Ainda sobre pluralidade, Paola afirma que o assunto está em pauta agora, "pois existem estes dois mundos: uma empresa jovem por essência que trabalha com tecnologia e com a diversidade; temos uma cultura de um ambiente mais descolado, mas temos de estar adequados ao mundo corporativo que a gente representa".

Ter responsabilidade e consciência

Ter responsabilidade e consciência amplia a pluralidade para um entendimento que vai além do indivíduo e até mesmo da empresa; mostra a relevância de se ter consciência de tudo o que se faz, individual e coletivamente, e o impacto que as ações têm na sociedade.

Camila ressalta que está descobrindo isto: "Eu nunca tinha pensado nessa responsabilidade, a empresa hoje sustenta muitas famílias, tanto de funcionários quanto de produtores."

6ª CATEGORIA: SUBSIDIARIEDADE

Esta categoria demonstra como a liderança constrói e estimula liberdade com responsabilidade. É composta pelas subcategorias: autonomia responsável; aceitação de diferentes formas de trabalhar; alinhamento de expectativas; e comprometimento com a entrega de resultados.

Autonomia responsável

Uma atitude focada e responsável contribui para que haja mais autonomia, e quem assume a posição de liderança é uma peça crucial para a construção de uma cultura de liberdade com responsabilidade.[76] O entrevistado Antônio* reforça essa assertiva: "Conforme você mostra sua responsabilidade, aumenta sua autonomia dentro da empresa, e isso é estimulado pela liderança." Já o líder Marc afirma: "A liberdade vai até onde eles me provarem que podem ser livres. Eu delego e eu cobro;

---

[76] Voss, 2017.

quando vejo que a pessoa pode ir um pouco mais longe, eu delego um pouco mais e continuo cobrando."

Um dos elementos-chave das organizações movidas pelo propósito é a liberdade para agir e assumir as consequências das próprias ações; a autonomia para tomar decisões está vastamente distribuída nessas empresas.[77] Elas operam com uma estrutura de gestão muito mais leve do que as empresas tradicionais, pois desenvolveram sistemas que aumentam a autonomia dos funcionários, ampliando a consciência da responsabilidade das ações e decisões.[78] Observamos esse conceito na entrevista com Juliane, quando ela diz: "Trabalhamos muito com autonomia; todo mundo tem sua autonomia, todos sabem suas responsabilidades, e a maioria das pessoas lida bem com as cobranças, pois deixamos bem claro o que pode e o que não pode."

Essas organizações buscam um equilíbrio dinâmico entre a necessidade de flexibilidade e o controle. A gradação e os limites da liberdade com responsabilidade é tarefa essencial daqueles que têm posição de liderança e poder decisório.[79]

• • • •

[77] Mitroff, 2016.
[78] Mackey; Sisodia, 2016.
[79] Helgesen, 2008.

Aceitação de diferentes formas de trabalhar

Esta subcategoria refere-se a como a liderança nessas empresas valoriza o indivíduo sem perder a noção do coletivo, o que percebemos na fala de Bernardo: "Fazem um trabalho de padronização, de definir o que tem que ser feito, mas respeitando o perfil pessoal de cada um; não queremos pessoas iguais aqui, queremos respeitar as diferenças, mas que tenha uma linha de trabalho que siga um único caminho; a gente não quer que cada um vá para um lado."

No mesmo sentido, Kelly diz: "A gente tem a questão das metas fortemente estabelecidas; como vai fazer isso, é você que faz." A possibilidade de autogestão por parte das pessoas dentro da empresa implica mais tolerância com as diferentes maneiras de se trabalhar, mas sem jamais perder o norte. Deve haver alinhamento de valores, propósitos e objetivos, mas, dentro do possível, também liberdade para diferentes formas de execução.[80]

Alinhamento de expectativas

Aqui falamos sobre a necessidade de que haja clareza daquilo que se espera das pessoas. A falta de clareza

----
[80] Fernandez, 2009.

causa ambiguidade e insegurança; já o alinhamento de expectativas cria valor para a empresa e torna o processo decisório mais seguro e preciso.[81] Pedro N. deixa isso claro quando afirma que "o processo de construção de autonomia, de certo modo, é formal, dentro do nosso método de gestão; por exemplo: para todo mundo, há descrição dos papéis, e para cada um dos papéis, há processos muito bem definidos de performance, de comportamento, de domínio de tomada de decisão".

O alinhamento com as estratégias e recursos da empresa é essencial para o desenvolvimento de uma liderança eficiente. E o alinhamento de expectativas é uma tarefa diária e relacional que depende dos vários atores e integrantes da organização.[82]

Stephanie corrobora esse posicionamento quando afirma que "existe muita clareza sobre o papel de cada um e, quando uma decisão tem implicações para outros papéis e outras pessoas, essa clareza ajuda bastante a saber lidar com a liberdade e com as responsabilidades".

O foco no propósito tem o efeito de introduzir clareza, consenso e comprometimento. Esse foco gera

----

[81] Voss, 2017.
[82] Chunoo; Osteen, 2016.

alinhamento de expectativas e segurança para que as pessoas trabalhem com mais liberdade e responsabilidade.[83] A reciprocidade, nas palavras de Pedro N., "vem de um projeto de alinhamento de expectativas e ajuda muito no nosso caso; diversas vezes, sentamos para conversar e dizer o que um espera do outro, o que você espera do grupo e o que o grupo espera de você".

Comprometimento com a entrega de resultados

Neste item falamos sobre a responsabilidade que as empresas têm com a excelência. Kelly é enfática ao afirmar que "nossa missão é muito legal, mas não basta só isso; a pessoa tem que entregar — e ela terá total liberdade de decidir como fazer isso".

Quando existe clareza sobre qual é o propósito da organização, fica mais fácil atingir metas e cumprir prazos. O propósito sustenta a persistência em momentos mais difíceis e torna as pessoas mais focadas e determinadas a fazerem o seu trabalho da melhor forma possível.[84] Como vimos na subcategoria anterior, é necessário que haja alinhamento e clareza para que a

----

[83] Kempster; Brad; Conroy, 2011.
[84] Craig; Snook, 2014.

empresa cresça, e essa clareza é um ponto fundamental para que as pessoas se comprometam e entreguem resultado e performance, tanto individual como coletivamente.[85] Cintia explica que "na essência, a gente tem um jeito mais aberto de levar. Ninguém bate cartão, então não é aquela coisa tão fechada, mas eu acho que isso a gente trabalha muito com alinhamento dos desafios e o que a gente precisa entregar. Então, quando isso fica claro, não importa se a pessoa está na minha frente ou fazendo *home office*; o que precisa estar muito claro é que entre as lideranças e os liderados exista essa comunicação fluida e o comprometimento com a entrega".

A entrevistada Lu aponta que "a cobrança existe, claro, porque temos que buscar a excelência, entregas no prazo etc., mas muitas das pessoas que estão aqui são de fato comprometidas com que estão fazendo". Quando a liderança deixa não apenas claro o que deve ser feito, mas os motivos que embasam as ações, ocorre uma maximização do comprometimento com as metas e as estratégias da organização.

· · · ·
[85] Armitage, Amy; Parrey, 2013.

O entrevistado Luan acrescenta que "o ponto principal é saber aonde a gente quer chegar, o que tu tens que terminar e quando, e como cada um assume a sua responsabilidade". No mesmo sentido, Tobias afirma que "a gente deixa claro para as pessoas seu papel, suas responsabilidades e as entregas que têm de fazer".

Ou seja, ao incluir claramente cada ação no contexto de uma visão e propósitos maiores, tudo o que se faz dentro da empresa também toma uma proporção de valor maior, melhorando a performance.[86]

7ª CATEGORIA: RECIPROCIDADE

Esta categoria apresenta como a reciprocidade e a confiança são construídas na empresa e qual é o papel da liderança nessa construção. É dividida em três subcategorias: criar cumplicidade, demonstrar com atitudes e ter cultura de feedback.

As premissas da reciprocidade são honestidade e integridade, que criam a sensação de segurança nas pessoas sobre o que fazer e o que esperar das organizações nas quais trabalham. As relações de reciprocidade e confiança extrapolam a empresa e chegam aos clien-

----
[86] Goleman, 2014.

tes, que esperam produtos e serviços confiáveis e, em retorno, oferecem sua lealdade e sua confiança.[87]

Criar cumplicidade

Aqui temos o reforço da importância do trabalho em equipe e do valor de uma construção coletiva, que tem no líder uma peça-chave para o desenvolvimento da reciprocidade. Guilherme fala da cumplicidade que existe na "relação entre a equipe; a gente tem essa relação de parceria de família. Então, é só alguém levantar a mão e dizer que está precisando de ajuda; com certeza, alguém vai parar para ajudar! Temos essa questão do trabalho em equipe bem forte".

Camila afirma: "Para trabalhar com alimentação saudável, a gente precisa que já exista a questão de reciprocidade, que todo mundo pegue junto." No mesmo sentido, Tobias declara: "Estamos todos juntos em uma nova cadeia, e ela só será sustentável se tu entenderes as minhas necessidades e eu entender as tuas."

A reciprocidade constrói-se com trabalho em equipe, cocriação e sentimento de parceria e conexão

----
[87] Hollensbe et al., 2014.

emocional entre as pessoas.⁸⁸ Uma equipe competente, confiante e cuidadosa é o amálgama que mantém unida qualquer organização. É vital que todos se sintam cúmplices e contribuam, tanto individual quanto coletivamente, para gerar valor dentro e fora da empresa.⁸⁹

Demonstrar com atitudes

Esta subcategoria reforça o quão importantes são as atitudes da liderança para criar e valorizar a reciprocidade dentro das organizações. Kelly relata a reciprocidade na empresa na forma de atitudes que trazem retorno positivo: "A fulana prepara, todos os dias, um banquete de salada sem ninguém pedir, então, naturalmente, as pessoas entregam isso de volta. Este é um dos principais segredos dos melhores lugares para se trabalhar: quando essa Empresa E acontece com frequência. Essa é a lei da reciprocidade."

Ter cultura de feedback

O feedback entre pares, líderes e liderados valida a consistência do líder, amplia a autoconsciência e refor-

---

[88] Wilson, 2017.
[89] Kaufman, 2017.

ça a aceitação.[90] O líder precisa conquistar o conforto em sua posição para lidar bem com a dor do aprendizado, do crescimento e das quedas, bem como aceitar feedback e seguir adiante.[91]

Bernardo ressalta a importância de conversas e apontamentos constantes para que exista reciprocidade: "Reciprocidade está na cultura de feedback, que não seja aquele feedback de chefe autoritário, mas de qualquer um para qualquer um, no dia a dia."

Quando existe a cultura, o feedback honesto vem de todas as direções e vai para todas as direções, e dar e recebê-lo faz parte de um processo de aprendizagem contínua, que conecta as pessoas emocionalmente e reforça a reciprocidade entre elas.[92] Estar aberto ao feedback reforça as redes de apoio formais e informais dentro da empresa, promovendo mais integração, relações recíprocas e produtividade.[93]

• • • •

[90] Hutchinson, 2018.
[91] Voss, 2017.
[92] Voss, 2017.
[93] Sims et al., 2007.

8ª CATEGORIA: SUSTENTABILIDADE

Esta categoria apresenta o papel da liderança na construção de uma visão de longo prazo na organização e divide-se em cinco subcategorias: abrir mão de ganhos no curto prazo em nome do propósito; crescer e manter-se fiel aos propósitos e aos valores; criar a cultura da visão de longo prazo; inovar e atualizar-se; e ter um planejamento contínuo.

Abrir mão de ganhos no curto prazo em nome do propósito

Para que a liderança se mantenha íntegra e tenha a capacidade de decidir abrir mão de ganhos no curto prazo, em nome do propósito para gerar valor no longo prazo, é fundamental que haja clareza e planejamento, assim como compreensão das reais consequências tanto das ações no curto quanto no longo prazo.[94]

Henrique afirma que "nós compramos esses riscos e os custos financeiros por um bem maior", e reforça a afirmação: "Eu diria que sustentabilidade é abrir mão de ganhos a curto prazo, para ganhos a longo prazo."

• • • •
[94] Mackey; Sisodia, 2016.

Para Tobias, "deve-se abrir mão de margens maiores ou ser mais eficiente no modelo de negócio. A questão é: ou tu abres mão de margens maiores ou tu crias produtos de maior valor agregado".

Crescer e manter-se fiel aos propósitos e aos valores

Nesta subcategoria descrevemos a importância do crescimento das organizações tendo o propósito como norteador, como vemos nas palavras de Bernardo: "Nós discutimos diariamente sobre formas de expandir o negócio, (...) então estamos ainda em um processo de conhecimento do *business* e de entender as formas de crescer, obviamente sempre considerando o propósito."

Os líderes dessas organizações não buscam lucro para si próprios; eles não estão dispostos a fazer qualquer coisa que comprometa seus valores básicos.[95] Sua principal tarefa é ajudar as pessoas a cumprirem uma missão, desenvolvendo boas relações e uma experiência de felicidade e crescimento, aperfeiçoando e transcendendo a si mesmos.[96]

[95] Mitroff, 2016.
[96] Kofman, 2006.

O Henrique falou sobre a difícil decisão de retirar da empresa um sócio que, apesar de gerar lucro, tinha atitudes que estavam desalinhadas com o propósito da organização: "As atitudes do ex-sócio comprometiam o todo, uma ideia maior ao longo prazo e com vistas no crescimento em longo prazo — da cultura da empresa, da liderança, das boas relações. A gente tomou uma decisão que custou mais de 1 milhão de reais e nos impactou emocionalmente."

Sentimentos de medo, tristeza, pavor, excitação e entusiasmo ressaltam a experiência de liderança relacionada ao crescimento e à proteção dos valores fundamentais da organização. Os líderes movidos pelo propósito veem o crescimento e o lucro como inexoráveis e fundamentais, mas vão sempre proteger, ao custo que for, a singularidade e os valores da empresa.[97]

Criar a cultura da visão de longo prazo

Há muito tempo, empresas de todos os tamanhos podem significar mais do que fazer dinheiro. Para muitos negócios, principalmente os familiares, longevidade, sustentabilidade e horizontes mais amplos sempre

----

[97] Mitroff, 2016.

foram elementos-chave. Praticamente todas as organizações que sobreviveram por muitos anos, e algumas por centenas de anos, trabalham para algo muito maior do que o lucro.[98] Como já mencionamos, a visão de longo prazo é uma das coisas que claramente distingue líderes de gestores, pois os primeiros são os que definem a direção de longo prazo que perpassa a organização.[99]

Como vemos nas palavras de Marc: "Minha visão de longo prazo é essa, criar relacionamentos verdadeiros e não só de interesse. E a questão do legado se dá muito mais nos valores que eu vou deixar nas pessoas do que na empresa que eu quero deixar."

Para manter o foco no longo prazo, é fundamental que a liderança faça pequenas, mas frequentes, mudanças no curto prazo, para garantir a efetividade, o crescimento e a sustentabilidade.[100] Cultura de longo prazo dentro da sustentabilidade significa repor o que foi usado, consertar o que foi estragado e o esforço contínuo para deixar o planeta em melhores condições do

----

[98] White et al., 2017.
[99] Marques, 2017.
[100] Smith; Lewis; Tushman, 2016.

que aquelas em que o recebemos.[101] Pedro N. afirma que "o trabalho de cultura, liderança e time, dependendo de como for, pode ser mais circunstancial; você cria estrutura para que aquilo se sustente no longo prazo e a chance daquilo se perpetuar é muito maior".

Inovar e atualizar-se constantemente

Aqui falamos sobre a necessidade de as empresas estarem em constante evolução e adaptação às novas realidades e contextos para que se tornem longevas e sustentáveis. Kelly revelou que a companhia passou por "uma mudança expressiva este ano, pensando justamente na sustentabilidade". As empresas movidas pelo propósito podem ser descritas como empreendimentos que se auto-organizam, pois são muito focadas na aprendizagem e na atualização constante.[102]

A entrevistada Andreia destaca que "a sustentabilidade e a longevidade da empresa se dão por meio da inovação e da atualização, porque a empresa é um organismo vivo, então, ela precisa se reciclar o tempo inteiro". Um grande temor de líderes e liderados é que

----

[101] Hollensbe et al., 2014.
[102] Stahlhofer; Schmidkonz; Kraft, 2018.

a empresa se torne burocrática, resistente a mudanças, mantendo o status quo e, assim, acabe sendo uma empresa comum.[103]

O caráter de inovação e adaptação aparece na entrevista de Bernardo, quando ele afirma que a empresa na qual trabalha tem a missão de transformar o futuro da alimentação: "Assim como o McDonald's, na década de 1950 a 1960, de certa forma redefiniu, naquele momento, o futuro da alimentação, e trouxe uma proposta totalmente nova, a gente também quer fazer isso, mas para o bem."

Atualização constante não significa, necessariamente, mudar tudo o tempo todo, mas sim transformar sem perder a conexão com o que há de valoroso e importante. Como afirma Lu, "deve-se revisar os valores, não que estejam ultrapassados, mas há muitas pessoas que trabalham aqui que não tinham visto esses valores em conjunto".

O desejo do cliente é algo em constante movimento, e, se a empresa não se atualizar continuamente, vai à falência. Contudo, é crucial que a mudança e a inovação venham acompanhadas do propósito e dos valores

• • • •
[103] Mitroff, 2016.

fundamentais da organização, que jamais devem perder a sua essência.[104]

Ter um planejamento contínuo

Esta subcategoria ressalta a importância do planejamento estratégico para a realização do propósito, da missão e das metas. A declaração de Guilherme segue nesse sentido: "Então, começamos a refletir recentemente sobre as metas nos próximos três a cinco anos, do quanto queremos crescer, e começamos a pensar em indicadores, o que teremos fora o financeiro, banco de dados, essas coisas básicas. E chegamos à conclusão de que uma das coisas que tinha que entrar era o legado, o que a Empresa D está deixando para a sociedade."

Resumindo: as decisões dos verdadeiros líderes sempre serão lastreadas em valores fundamentais, e, para a construção e o crescimento da empresa, o planejamento contínuo é indispensável.[105]

----

[104] Nonaka; Toyama, 2007.
[105] Mitroff, 2016.

9ª CATEGORIA: CONTEXTOS NOS QUAIS O PROPÓSITO SE PROPAGA (BA)

Esta categoria discute como o propósito da empresa é transmitido e evidenciado no dia a dia e divide-se em duas subcategorias: contextos formais e contextos informais. Como vimos brevemente no primeiro capítulo, a concepção dessa categoria foi estruturada a partir do conceito de *BA* utilizado pelos professores Nonaka e Takeuch. Em suas próprias palavras: "No Japão, um *BA* (lugar, espaço ou campo) se refere ao contexto no qual são forjados relacionamentos e a interação ocorre. Quem toma parte de um *BA* troca informações, estabelece relações de curto prazo e tenta criar um novo sentido."[106]

Como já observado, os *BAs* podem ser formais ou informais; informalmente, podem surgir em um bar, no *happy hour*, no intervalo do café, no almoço ou em qualquer outra forma espontânea em que as pessoas se conectam e interagem, instigando possíveis *insights*, ideias e soluções. Em um ambiente mais formal, dentro ou fora da organização, um *BA* tem por objetivo

[106] Takeuch; Nonaka, 2014.

conectar as pessoas imbuídas de um propósito comum para que interajam mais proximamente.[107]

Contextos formais

O que as empresas e lideranças fazem de forma convencional e oficial para a transmissão e vivência do propósito? Pedro N. descreve: "A empresa tem mecanismos formais para alinhamento de expectativas, e o resto é contexto para as pessoas conseguirem se desenvolver dentro do seu papel. Então, se aquele papel é exatamente o que você espera dele, ou se tem algo faltando, a gente cria contexto para desenvolver as pessoas, desde arquivos estruturados e processos, até procurar os líderes. Você tem espaço para dizer que não sabe fazer e pedir ajuda."

Andreia explicou que são feitos encontros regulares para se falar e discutir o propósito e como aplicá-lo no dia a dia. Da mesma forma, Bernardo afirmou que em sua empresa existem rotinas semanais e quinzenais de conversas para desenvolver projetos e solucionar problemas. As reuniões são disciplinadas, mas o formato é informal e não hierarquizado, o que gera mais

---

[107] Takeuch; Nonaka, 2014.

insights. Cintia relatou que a empresa faz dinâmicas de grupo periódicas com o objetivo de "juntar todo mundo e relembrar por que se faz o que se está fazendo".

Apesar da busca por uma gestão mais horizontal, os entrevistados ressaltaram a importância de momentos e contextos formais para comunicar, explorar e relembrar o propósito.

Contextos informais

As reuniões e contextos informais criam conexões e satisfação emocional entre as pessoas, o que faz com que elas abracem verdadeiramente um ideal. Esses processos são catalisados quando a liderança é genuinamente empática às necessidades e aos desejos de cada um.[108] Henrique diz que "o propósito se transmite em todos os lugares, em vários momentos. Essa parte está em tudo. Esse tipo de conversa sobre propósito acontece o tempo todo com todos os tipos de egrégora e miniegrégoras diferentes. É uma conversa que acontece em vários locais. Às vezes, eu entro no café e tem dois caras falando sobre a produção de um tipo de documentário que pode ajudar as crianças, então está em tudo".

― ― ― ―
[108] Stahlhofer; Schmidkonz; Kraft, 2018.

Paola respondeu que "a equipe é pequena; todo mundo almoça aqui, temos *happy hour*, tentamos fazer com que as pessoas se integrem mais; todo mundo se dá bem com todo mundo".

Após observamos essas declarações que transparecem o comportamento de líderes e liderados, temos em mente o contexto de trabalho das empresas movidas pelo propósito. No próximo capítulo, veremos os desafios enfrentados por elas.

ANOTAÇÕES

CAPÍTULO 6

O propósito
na prática

Clarificar o propósito como líder é fundamental, mas escrever a declaração não é suficiente. Também é preciso vislumbrar o impacto que você terá em seu mundo como resultado de viver segundo seu propósito. Suas ações — não suas palavras — são o que realmente importa.

— Nick Craig e Scott Snook,
professores da Harvard Business School

Claro que é praticamente impossível para qualquer um viver plenamente de acordo com seu propósito 100% do tempo. Mas, com trabalho e planejamento cuidadoso, podemos fazer isso com mais frequência, mais consciência, sinceridade e eficácia.[1]

Com isso em mente, perguntamos: para colocar o propósito em prática da forma mais eficiente possível, quais são os obstáculos enfrentados pelas lideranças?

Um dos grandes desafios apontados pelos entrevistados foi o **ambiente externo**, questões que não dependem dire-

----
[1] Craig; Snook, 2014.

tamente da empresa, mas que dizem respeito ao contexto no qual ela está inserida.

O fato de a empresa estar sediada no Brasil foi citado pela entrevistada Camila como um fator complicador para a organização. Ela considera que "no Brasil, a gente fica um pouco atado em questões trabalhistas". Além da situação específica do país, a entrevistada aponta que a dificuldade de seus fornecedores também é uma questão externa relevante, quando afirma que "você quer ajudar o pequeno produtor, mas tem de ter nota fiscal... você quer trazer o produto mais puro possível... então, tem questões externas que são muito complicadas". Paola afirmou que fatores externos, como a legislação e a falta de segurança quanto à estabilidade das leis, geram bastante tensão, pois "são fatores sobre os quais a empresa e os clientes não têm qualquer controle e, no caso específico do segmento, uma mudança legislativa pode levá-los à falência".

O entrevistado Pedro S. afirma que, além das questões institucionais e de legislação, "há o desafio de lidarmos com a falta de ética da concorrência e de alguns setores tomados pela corrupção, o que torna o trabalho ainda mais desafiador".

A construção da liderança movida pelo propósito é um desdobramento da própria identidade de cada pessoa e, em muitos casos, apresenta-se como uma marca pessoal que a distingue e lhe dá unicidade.[2] A força desse propósito faz com que a organização siga em frente, sem se corromper ou esmorecer, apesar do ambiente externo.

Outro desafio importante relacionado à liderança é **comunicar-se com efetividade**; ou seja, além de ser, é imprescindível comunicar o que se é. Henrique destaca que, na medida em que a empresa cresce, um de seus grandes desafios é conseguir manter uma comunicação de qualidade, eficiente e próxima com seus clientes, "pois daqui a pouco vai ter mais gente na empresa e a nossa capacidade de estar sempre em contato com todos vai começar a diminuir, então, essa comunicação com o propósito é importante". Uma das mais importantes e desafiadoras tarefas das organizações é a comunicação da visão, que inclui o propósito e os valores fundamentais claros.[3]

A entrevistada Lu destaca como desafio a "falta de comunicação, pois, se você tem uma comunicação

----

[2] Hutchinson, 2018.

[3] Miguel, 2016.

muito bem estruturada dentro da empresa e ouve as pessoas, percebe o que está acontecendo, e não joga a informação e vai embora". Apenas com uma boa comunicação é possível avaliar se há o alinhamento adequado. Ela complementa dizendo que a comunicação não é importante apenas internamente, mas também com os clientes e fornecedores, pois "queremos nos vincular a uma marca que esteja alinhada à nossa proposta e à nossa organização".

O *crescimento sustentável* da empresa é mencionado como outro grande desafio das lideranças. Tobias é categórico ao afirmar que: "Para o pequeno negócio é simples; o desafio é expandir, a expansão sempre é mortal. Queremos criar um modelo de negócio expansível com muito cuidado, pois muitas empresas quebram quando expandem." Com um alinhamento de valores estratégico, a liderança movida pelo propósito opta por um crescimento mais lento e sustentável. A tendência é de um crescimento discreto, que vai conquistando clientes mais lentamente. Poucos clientes, mas leais, que valem mais do que 1 milhão de seguidores no Twitter.[4]

----

[4] Mitroff, 2016.

Um dos paradoxos mais desafiadores para qualquer negócio, e que persiste ao longo do tempo, são as visões de longo e curto prazo. Muito foco em uma implica a decadência da outra. Promover um equilíbrio dinâmico entre essas duas esferas é indispensável quando se quer ter uma empresa longeva. Para Bernardo, "expandir o negócio de forma sustentável, sem perder a qualidade, e como democratizar o nosso propósito são as duas questões-chave hoje".

O desenvolvimento da **habilidade relacional** também aparece nas entrevistas como um grande desafio. Para Andreia, "é inaceitável para a gente ter problemas de relacionamento entre as pessoas. Mesmo que uma pessoa tenha bons resultados, se não se relacionar bem com os colegas, ela vai embora". Para Luan, "é fundamental que as pessoas tenham atitudes colaborativas e, com o crescimento da empresa, isso fica cada vez mais desafiador".

A falta de civilidade e de bons relacionamentos resulta em equipes desconectadas, com baixos níveis de engajamento e com alto potencial de abandono da organização. A internalização de valores e de relações mais humanas nas empresas é cada vez mais almejada pela sociedade, não apenas como forma de criar lugares melhores para se trabalhar, mas com a expectativa de que empresas mais humanas possam impactar positivamente a sociedade como um todo.[5]

A busca por **atualização constante** está na lista dos desafios à longevidade e à sustentabilidade de qualquer companhia. A liderança precisa fazer uma autoanálise contínua, com a ciência de que se não o fizer estará fadada ao fracasso.[6] Para Antônio*, "é fundamental inovar sempre, não dá para parar; inovação é um obstáculo a ser superado".

Relacionando esse ponto com o anterior, habilidade relacional e atualização, Daniel Goleman, jornalista científico e autor do best-seller internacional *Inteligência Emocional*, afirma que, quando as pessoas que trabalham na empresa se gostam e têm um bom relacionamento, elas partilham inspiração e aumentam a confiança, permitindo a inovação e a tomada de riscos mais rotineiramente. Ter um propósito compartilhado faz com que o trabalho seja mais colaborativo, proporcionando assim mais sinergia e inovação.

• • • •

[5] Mackey; Sisodia, 2016.
[6] Voss 2017.

À liderança cabe promover um ambiente que proporcione trocas mais frequentes e com flexibilidade, que gere um sentimento de maior autonomia e liberdade, sem impor restrições desnecessárias ao modo como as pessoas trabalham, podendo elas fazê-lo do jeito que julgarem mais eficaz.[7]

O desafio da liderança para **manter a congruência e a coerência** está muito presente nas empresas movidas pelo propósito. Esse desafio abarca o agir e o fazer interno e também a escolha, tanto de clientes como de fornecedores. Marc fala da importância de "saber escolher os parceiros certos, as organizações que você vai se alinhar, pois tem muito picareta por aí se aproveitando de pessoas e empresas".

O líder Pedro N. aponta que: "O maior desafio é a coerência; como eu olho mais para processos, gestão, uma das coisas mais importantes que eu percebo em uma organização orientada por propósito e por valores é o jeito de se fazer as coisas. O como a gente faz é tão importante quanto o que a gente faz; isso se não for ainda mais importante. O desafio da coerência passa por

----
[7] Goleman, 2014.

um desafio do entendimento de como vamos estruturar uma organização que seja orientada pelo propósito".

João* diz que é difícil encontrar indivíduos que estejam de fato conectados com o propósito, pois "não adianta a pessoa estar conectada da boca para fora e ela não respirar aquilo, não viver aquilo; não está no coração dela. Esse é o principal desafio, encontrar pessoas que estejam alinhadas com esse propósito".

A verdadeira liderança busca uma integridade plena, pois não pode existir diferença entre os valores pessoais e os vividos no trabalho, como já vimos anteriormente. A conclusão é que, quanto mais coerentes com os valores e o propósito da empresa e das pessoas forem as ações dos líderes, mais impacto haverá na companhia e nas equipes, que se inspiram com exemplos positivos.[8]

Nessas empresas, a ***pluralidade*** é vista como algo fundamental e positivo, mas se reconhece o desafio inerente à diversidade e à pluralidade em seus mais variados aspectos. Leonardo se manifestou nesse sentido, dizendo que "temos diversidade em termos de gênero, isso está bem encaminhado, mas não temos de raça,

― ― ― ―
[8] Berg, 2017.

não temos pessoas com deficiência ou pessoas trans; não é um problema, mas é muito mais fácil de falar de diversidade quando não temos desafios".

Danieli manifestou outro aspecto desse desafio no que tange à pluralidade de *backgrounds* de seus fornecedores: "No começo era muito difícil eles [fornecedores] entenderem o que era esse novo tipo de negócio que estava surgindo. Na época que eu comecei, havia vários fornecedores e eles não entendiam o que estava acontecendo. Não tinham nem Whatsapp, tu tentavas falar com eles e o telefone estava fora de área, aí tu ligavas para a casa deles e eles não estavam."

A inclusão da pluralidade é uma prioridade da liderança como um caminho para a realização do propósito, enfatizando os relacionamentos entre as pessoas mais do que as transações e favorecendo a criação de um contexto que minimize as resistências e crie oportunidades para a diversidade, assegurando que esta não seja um ato isolado, mas perpasse toda a organização.[9]

Nas entrevistas, a **resistência a um novo paradigma** apareceu como um desafio de liderança a ser enfrentado, tanto em relação aos *stakeholders* como

[9] Hollensbe *et al.*, 2014.

dentro da empresa. Danieli confessou: "Fiz uma implementação monstruosa, um baita de um sistema superinteligente, superfuncional, e a parte mais frustrante é ver que, dos meus clientes, alguns falaram que prefeririam o antigo."

Quanto à relação dentro da empresa, a entrevistada Stephanie destaca que "a primeira dificuldade é a novidade, pois este é um motor novo para as empresas; então, é complicado quando eu tenho uma nova motivação, mas o resto está estruturado com o motor antigo, que era o lucro e não o propósito".

A liderança deve reconhecer que aquilo que um dia funcionou talvez não funcione mais, e, se as pessoas com mais influência dentro das organizações não forem as primeiras a aceitarem as mudanças e novidades, sem dúvida, haverá resistência por parte dos demais, causada pela falta de confiança nos que estão liderando.[10] É claro que lidar com esses desafios e manter o propósito e os valores requer força interna e muita energia para persistir.

Os negócios têm um potencial enorme para fazer bem ao mundo. Mas este é um paradigma que, apesar

---

[10] George, 2007.

de desejado, ainda gera desconfiança por parte da sociedade. A incerteza provoca um comportamento de resistência nas pessoas, que só será ultrapassado com atos de liderança resilientes e focados essencialmente no ser humano. Desenvolver negócios que deem lucro, mas que antes de tudo estejam determinados a criar valores junto à sociedade, eliminará a resistência das pessoas ao novo modelo de empresas em contraponto ao *approach* tradicional.[11]

Propostas e caminhos

Uma das propostas apresentadas pelos entrevistados foi para que as pessoas, líderes ou liderados, invistam em **autoconhecimento** para se conectarem com empresas movidas pelo propósito. Cintia sugeriu, de maneira direta: "Vá fazer um retiro para se conhecer, para entender o que você quer, pois cada propósito é um propósito, então você tem que ter claro o que faz sentido para você." Para Henrique, "investir em autoconhecimento é o primeiro e único passo, depois tudo acontece". No mesmo sentido, Stephanie afirma: "Autoconhecimento! O líder tem que se conhecer, deve ter clareza de todas as suas questões e saber lidar com elas. É a busca do au-

---

[11] Stahlhofer; Schmidkonz; Kraft, 2018.

toconhecimento em um nível muito mais profundo do que só fazer um curso, deve ser um exercício contínuo."

Craig e Snook defendem que conhecer a si mesmo é a tarefa mais fundamental de todo e qualquer líder. Mas, apesar disso, fazer a conexão da liderança com o propósito segue sendo uma conquista de pouquíssimas pessoas. Assim, investir em autoconhecimento é uma proposta essencial para aqueles que querem trabalhar conectados com seus valores e transformar seu propósito em realização.

Outra proposta para quem quer desenvolver uma empresa movida pelo propósito é *conectar-se com algo de que gosta*. Juliane sugere que a primeira coisa que a pessoa deve se perguntar é: "O que eu amo? E, então, vá atrás disso. Pois, quando tudo dá errado, é o que eu amo que me segura. A partir daí, a gente começa a montar nosso propósito." **THAIS**, editora na Empresa L, afirma que "primeiro, você precisa amar o que faz. Saiba que você não vai amar tudo que faz, mas você tem que acordar de manhã e pensar que está indo trabalhar por algo que faz sentido para você". Tobias, no mesmo sentido, declarou que "a primeira coisa que eu fiz foi descobrir algo

THAIS
Empresa L | Editora
Tempo de empresa: 1 a 3 anos
Função: liderado
Tipo de Empresa: Capitalismo Consciente

que eu soubesse fazer e gostasse de fazer. Essa é a minha sugestão para quem quer trabalhar conectado com o propósito".

Essas declarações alinham-se com os achados do especialista em gestão James Collins,[12] que indicam que as empresas que se tornaram excelentes concentraram-se nas atividades que despertavam paixão. Buscar algo que provoque o entusiasmo, e focar os esforços para trabalhar com algo de que se gosta, é primordial àqueles que buscam desenvolver uma verdadeira liderança.

Àqueles que têm a pretensão de criar organizações movidas pelo propósito, ou mesmo estar conectados a uma, é importante ter a consciência de que há e sempre haverá muito trabalho, e que manter os valores e o propósito e ainda fazer a empresa crescer nunca será uma tarefa fácil. Independentemente do estágio de crescimento da organização, os verdadeiros líderes refletem sobre o que está em jogo e o que será perdido se crescerem muito rápido.[13] Mas, acima de tudo, eles querem

----
[12] 2015.
[13] Mitroff, 2016.

preservar o significado e a noção de felicidade como parte da equação geral.

Iniciar a caminhada para desenvolver a liderança movida pelo propósito conectando-se com algo de que se gosta é um passo de extrema importância, seja para um empreendedor em início de carreira, um líder veterano ou um liderado. Contudo, para se vivenciar o ponto mais alto de felicidade é vital que o propósito e os valores fundamentais permeiem a vida como um todo.[14]

Outra proposta que emergiu das entrevistas como caminho ao desenvolvimento das organizações é criar um ***modelo de negócios conectado com o propósito das pessoas*** a quem o produto se destina — das pessoas que trabalham na organização até fornecedores e a sociedade em geral. A ideia é construir modelos de negócios que sejam lucrativos, mas que criem valor compartilhado. Bernardo propõe: "Tem que ser uma coisa realmente verdadeira, tem que ter identificação e, de preferência, que passe pelo produto; acho que esse é o principal ponto: que o propósito passe pelo produto e que as pessoas que trabalham no negócio também possam aderir. Não pode ser só marketing."

● ● ● ●
[14] Stahlhofer; Schmidkonz; Kraft, 2018.

Guilherme afirma que "deve haver um rigor muito grande na seleção das pessoas que serão contratadas, que representarão a empresa, pois é uma responsabilidade muito grande carregar esse propósito". No mesmo sentido, Lu recomenda "recrutar uma pessoa que tenha os mesmos valores e os mesmos propósitos que você; alinhamento é tudo, e faz muita diferença já trazer uma pessoa alinhada". A proposta é reforçada por João*: "Recomendo que a pessoa encontre outros indivíduos que estejam alinhados com esse propósito e monte um negócio que tenha propósito."

Ter um propósito claro e colocá-lo no centro do modelo do negócio é parte indispensável para promover a aproximação das pessoas que estejam integradas com os valores da organização. O desenvolvimento de um novo e mais efetivo paradigma de liderança passa por criar um alinhamento entre os vários atores, proporcionando conversações que permitam que um profundo senso de propósito emerja e torne-se o foco de uma combinação de esforços, que vão além de um único indivíduo. Para que isso ocorra, reiteramos que é imprescindível que os discursos sobre propósito e valores estejam alinhados com todas as atividades corporativas.[15]

• • • •
[15] White et al., 2017.

Dentre as propostas e caminhos para a construção de uma verdadeira liderança, os entrevistados destacaram que **colocar o propósito em primeiro lugar** é essencial. Ou seja, propósito e valores sempre devem ser as lentes através das quais qualquer decisão é tomada. Thais é categórica ao afirmar que "as empresas nascem com propósito quando quem as cria têm um propósito". Andreia se manifesta na mesma linha quando diz que "primeiramente, você deve saber quais são os seus valores; como vai criar algo com propósito que não está alinhado com você?".

Em outras palavras, deve-se estabelecer um propósito maior que toque o coração das pessoas, agregue estabilidade e incremente o engajamento e a lealdade dos colaboradores. As evidências apontam que o impacto positivo de uma liderança movida pelo propósito se dá no comprometimento das equipes, que criam uma forte convicção de que estão trabalhando por algo maior e muito valoroso.[16] Henrique declara que "o propósito que está por trás de tudo transbordará para o mercado como um todo. A empresa estar vinculada a um propósito já se torna um diferencial competitivo". Stephanie reitera: "O propósito realmente deve ser o motor da

---

[16] Hutchinson, 2018.

empresa, pois, se ele for verdadeiro, será um princípio fundamental, que não é questionável."

As pessoas que trabalham excessivamente focadas em compensações financeiras tendem a ser menos satisfeitas, pois sempre haverá alguém que ganha mais do que elas e, assim, surge a sensação de que o pagamento que recebem nunca será suficiente.

Se por um lado o propósito é fundamental nessas propostas e caminhos, **dar resultado e ser viável economicamente** também é essencial. A liderança tem dois papéis potencialmente conflitantes: manter as estruturas e a ordem institucional e estar acima dessas estruturas formais; e prover significado e direcionamento, mantendo a fidelidade aos valores e ao propósito.[17] Tobias aponta que "o produto ou serviço deve ser o gerador de receita do negócio, porque o produto ou serviço de uma empresa com propósito nada mais é do que o agente financiador do propósito". Danieli salienta que é fundamental ter "organização financeira e planejamento de metas. Isso eu não tinha. Então, quem vai começar uma empresa, se puder contratar uma consultoria de gestão, eu superindico".

• • • •
[17] Kempster; Brad; Conroy, 2011.

Quando a liderança coloca os valores e o propósito como foco primário, isso acaba por definir a estratégia de liderança e abarca toda a organização. Promover o crescimento financeiro e manter-se fiel ao propósito requer disciplina, constância e coragem para tomar decisões que podem ser duras no curto prazo. Entretanto, sem viabilidade econômica, não se realiza o propósito e, sem propósito, a empresa perde sua razão de existir.

Para finalizar nossa jornada, no próximo capítulo vamos revisitar os objetivos iniciais aqui propostos para que novos caminhos em busca de uma liderança sustentável sejam traçados.

CAPÍTULO 7

Um apanhado das ideias e um caminho à frente

Após refletir sobre todas essas declarações e considerações, fica claro que a liderança nas empresas estudadas ultrapassa uma pessoa, um cargo ou uma função. Vimos que para a liderança movida pelo propósito — que é uma construção coletiva e relacional que se dá dentro e fora da organização —, não existe cisão entre valores pessoais e profissionais. As pessoas buscam uma vida integrada e princípios que a abarcam em sua totalidade. O trabalho é uma forma importante de manifestação do indivíduo no mundo: por meio da sua organização ou da empresa na qual trabalha, ele deixa a sua marca.

Mesmo que não haja a visão de um líder herói e as atitudes de liderança sejam mais horizontais, a pessoa que está na posição de liderança, formalmente ou não, tem grande responsabilidade. Parte importante dessa responsabilidade é manter o foco no desenvolvimento pessoal e na felicidade de todos com quem se trabalha.

Em suma, podemos concluir que o papel da liderança nessas organizações tem na sua construção uma ênfase em ajudar as pessoas, de forma que líderes e liderados se tornem indivíduos melhores, dentro e fora da empresa: há um foco crucial na geração de impacto positivo no mundo.

Revisitando os objetivos

Ao observarmos *de que forma a liderança se manifesta e é construída nas empresas*, é possível entender, em primeiro lugar, que gerar a conexão do propósito e dos valores entre as pessoas e destas com a empresa passa, necessariamente, por uma comunicação clara e alinhamento de expectativas. Também é fundamental haver clareza quanto ao que deve ser feito e o que se espera de cada pessoa, tanto em termos de atitudes quanto de tarefas, e isso acontece com a prática do diálogo aberto entre as pessoas.

A liderança movida pelo propósito preza pela horizontalidade nas relações e a congruência entre discurso e ações. É essencial que o propósito e os valores sejam a base das ações da liderança, pois, caso contrário, os efeitos serão desastrosos à organização.

Para concluir, retornemos agora com um breve resumo das seis características, apresentadas no Capítulo 3, essenciais para as empresas movidas pelo propósito e que nortearam uma parte das nossas entrevistas: subsidiariedade, reciprocidade, dignidade, solidariedade, pluralidade e sustentabilidade.

SUBSIDIARIEDADE

Subsidiariedade: diz respeito a um modelo de liderança que proporciona liberdade com responsabilidade e a geração de autonomia responsável dentro da organização. A autonomia é parte importante da construção da liderança, assim como a consciência de que a responsabilidade gradua a liberdade. Para promover o respeito pelas diferentes formas de se trabalhar, são imprescindíveis o alinhamento de expectativas e o comprometimento com as entregas.

Reciprocidade: tem como premissas básicas a honestidade e a integridade, que geram a sensação de segurança nas pessoas sobre o que fazer e o que esperar das organizações nas quais trabalham. As relações recíprocas e confiáveis extrapolam a empresa, chegando aos clientes. Esses esperam produtos e serviços confiáveis e, em retorno, oferecem a sua lealdade.

Dignidade: colocada no paradigma da liderança movida pelo propósito, é a capacidade de ser e estar centrado no ser humano. Ela se desenvolve em ambientes colaborativos e de confiança, nos quais a congruência entre ações e discurso é fundamental.

SOLIDARIEDADE

Solidariedade: ultrapassa as boas relações humanas, para além dos limites das organizações. Além da afinidade dentro da empresa, a liderança movida pelo propósito constrói pontes com a sociedade, com outras organizações e com *stakeholders*, comunicando e conectando-se com aqueles que compartilham propósitos e valores afins.

PLURALIDADE

Pluralidade: é essencial às empresas movidas pelo propósito; essas organizações não apenas a tratam como importante, mas buscam agir proativamente na direção da celebração da pluralidade. A diversidade é um grande desafio para qualquer organização e é facilitada pela linguagem e pela cultura de liderança mais aberta, horizontal e menos hierarquizada.

> **SUSTENTABILIDADE**
>
> **Sustentabilidade**: mostra a disposição das organizações em sacrificar lucros no curto prazo para preservar o propósito, os valores e a sua singularidade. Planejamento é vital para que haja sustentabilidade financeira e longevidade na organização. A construção de uma cultura da visão de longo prazo passa indubitavelmente pela liderança. E, para se manter o foco no longo prazo, é indispensável que a liderança faça pequenas, mas frequentes, mudanças no curto prazo, garantindo assim a efetividade, o crescimento e a sustentabilidade.

Quanto aos **contextos dinâmicos organizados nos quais o propósito se cria**, é manifestado e transmitido, observamos claramente a complementaridade dos contextos formais e informais para a transmissão e experienciação do propósito: são os ambientes nos quais as pessoas se encontram, criam e reforçam as conexões e afinidades entre elas. A liderança deve catalisar e oportunizar essas reuniões, dentro e fora da empresa. Nesses contextos, o propósito e os valores são transmitidos e aprofundados de maneira efetiva. Como vimos, as organizações movidas pelo propósito transcendem o negócio e tornam-se comunidades com valores fortes e profundos, que têm o ser humano como centro.

Sobre **identificar os desafios de liderança nas organizações movidas pelo propósito**, vimos que eles são inúmeros. O ambiente externo, a legislação e a ética do mercado estão entre eles. Algo que aparece como grande desafio é o desenvolvimento de habilidades de liderança, como boa comunicação, relações humanas, coerência, evolução e aprimoramento constante. A liderança tem o dever de fazer sua autoanálise continuamente, pois sabe que se não o fizer dificilmente terá resultados duradouros. A atualização e a evolução constantes trazem vantagens competitivas às empresas. Elas aprendem a capturar, armazenar e distribuir o conhecimento, o que jamais será uma tarefa fácil para a liderança, mas acaba por ser parte indissociável do trabalho quando ela é movida pelo propósito.[1]

Para **apontar caminhos para o desenvolvimento da liderança movida pelo propósito**, observamos que a aderência dos clientes e da equipe está diretamente conectada à afinidade e à forma pela qual o pro-

---

[1] Takeuch; Nonaka, 2014.

pósito se manifesta dentro da empresa. A seu tempo, os clientes desenvolverão lealdade e confiança quando perceberem valores manifestados por meio de seus serviços e produtos — para isso, a coerência é fundamental. Viabilidade financeira com planejamento é a forma que a empresa tem de realizar o propósito; este, por sua vez, cria o diferencial competitivo, o que retroalimenta a viabilidade financeira.

Esse caminho também passa pela construção de uma concepção mais humana dos negócios e pela revisão dos conceitos puramente econômicos das empresas — passos essenciais para uma reconstrução da visão sobre a forma com que se faz negócios no mundo.

Para aqueles que buscam montar uma empresa ou juntar-se a uma organização, fica reforçada a convicção de que propósito, valores, felicidade e viabilidade financeira podem e devem estar integrados. Compreender o próprio propósito e os valores, a partir de um trabalho de autoconhecimento, é altamente indicado a qualquer pessoa que queira ter uma vida plena, próspera e feliz; uma vida que preze pela coesão, na qual não se precise deixar os valores na porta de casa antes de sair para o trabalho. A busca pela completude e pela plenitude traz riqueza individual e profissional.

Com esta leitura em mente, proponho que, após as reflexões feitas, você responda novamente as 21 perguntas do questionário apresentado ao longo do livro e compare as suas respostas prévias com as atuais. Esse é um exercício de autoconhecimento e autoavaliação que pode ser feito reiteradas vezes para um acompanhamento da sua evolução como líder.

Esperamos que este livro tenha colocado um pouco mais de luz sobre o tema do propósito dentro da liderança e possa ajudar a suprir a lacuna de propósito que muitos estudos sobre gestão e liderança não investigam de maneira explícita. Um melhor entendimento sobre o propósito das empresas e do seu papel social pode contribuir para a compreensão das formas como os negócios podem amplificar o seu impacto positivo na sociedade.

ANOTAÇÕES

QUESTIONÁRIO

(1) Como você definiria o seu propósito pessoal?
....
....
....
....
....

(2) Como o seu trabalho se articula para a realização do seu propósito?
....
....
....
....
....

3 Que atitudes da liderança despertam o comprometimento das pessoas com o propósito e com os valores da empresa?

....

....

....

....

....

....

4 Que atitudes de liderança colaboram para a construção de relações verdadeiras e saudáveis dentro da empresa?

....

....

....

....

....

....

5 De que forma a liderança fortalece os laços entre as pessoas e os da empresa com a sociedade?

6 Como é a relação da liderança com a pluralidade, a diversidade de culturas e o respeito e o acolhimento de diferentes opiniões?

7 **Como a liderança constrói e estimula a liberdade com responsabilidade?**

....
....
....
....
....
....
....

8 **Como a reciprocidade e a confiança são construídas na empresa? E qual é o papel da liderança nessas relações?**

....
....
....
....
....
....
....

9 Qual é o papel da liderança para a construção de uma visão de longo prazo na organização?

....
....
....
....
....
....
....
....

10 Qual é a responsabilidade da liderança para com o legado a ser deixado para as futuras gerações e para o planeta?

....
....
....
....
....
....
....
....

11 Que ações a liderança pode realizar para atingir esse objetivo?

....
....
....
....
....
....
....
....

12 Como o propósito da empresa é transmitido e evidenciado no dia a dia?

....
....
....
....
....
....
....

13 O que é formalmente realizado para a construção e a materialização do propósito na empresa?

....
....
....
....
....
....
....

14 E informalmente?

....
....
....
....
....
....
....

15 Quais são os desafios enfrentados pela liderança que pretende manter o propósito?

....
....
....
....
....
....
....

16 Dentro do contexto organizacional e fora dele?

....
....
....
....
....
....
....

17 O que você recomenda para quem quer desenvolver uma organização movida pelo propósito?

....
....
....
....
....
....
....

18 O que fazer?

....
....
....
....
....
....
....

19 O que não fazer?

20 O que mais você acha interessante dizer sobre esse assunto?

21 Como você se sentiu respondendo essas perguntas?

ANOTAÇÕES

EPÍLOGO

Com a elaboração deste livro, foi possível aprofundar meus conhecimentos e ampliar minha consciência sobre o impacto que podemos causar no mundo à nossa volta. Durante a construção deste projeto, houve um mergulho de auto-observação e autoconhecimento que me ajudou a dimensionar o impacto de cada decisão dentro e fora da minha empresa, e esta compreensão ampliou a minha liberdade para me aventurar em novos projetos e minha responsabilidade para com as consequências derivadas das escolhas feitas.

Ao finalizar esta jornada, sinto-me um líder mais capaz e mais ciente das minhas próprias capacidades e limitações;

acredito ter me tornado uma pessoa melhor, um marido melhor, um amigo melhor, um aluno melhor, um professor melhor.

Da construção deste projeto, surgiram muitas oportunidades de trabalho e expansão da minha própria empresa, tanto dentro como fora do país. Os impactos dessa jornada estão apenas começando; muitas portas novas já se abriram e há um mundo a ser explorado, mantendo, por óbvio, a bússola do propósito em mãos.

REFERÊNCIAS

ALVES-MAZZOTTI, A. J.; GEWANDSZNAJDER, F. *O método nas ciências naturais e sociais:* pesquisa quantitativa e qualitativa. São Paulo: Pioneira, 2001. AMAR, A. D. *et al.* How managers succeed by letting employees lead. *Organizational Dynamics*, v. 41, n. 1, p. 62-71, 2012.

ARISTÓTELES. *Ética a Nicómaco*. 2009.

ARMITAGE, Amy; PARREY, D. Reinventing performance management: creating purpose-driven practices. *People and Strategy*, v. 36, n. 2, p. 26, 2013.

ASHFORD, Susan J.; Derue, D. S. Developing yourself as a leader: The power of mindful engagement. *Organizational Dynamics*, v. 41, n. 2, p. 146-154, 2012.

AVOILO, B.; WALUMBWA, F. O.; WEBER, T. J. Leadership: current theories, research, and future directions. *Annual review of psychology*, v. 60, p. 421-449, 2009.

BARKEMEYER, R. Beyond compliance — below expectations? CSR in the context of International development. *Business Ethics*: A European Review, v. 18, n. 3, p. 273-289, 2009.

BARKI, E. Beyond the Base of the Pyramid: For an Inclusive and Purposeful Capitalism. *Revista Interdisciplinar de Marketing*, v. 7, n. 1, p. 77-85, 2017.

BASS, B. M.; AVOLIO, B. J. Transformational Leadership. *Journal of Euro*, v. 14, n. 5, p. 21-27, 1990.

BASS, B. M.; RIGGIO, R. E. *Transformational Leadership* (2. ed.) 2006.

BASU, K.; PALAZZO, G. Corporate social responsibility: A process model of sensemaking. *Academy of Management Review*, v. 33, n. 1, p. 122-136, 2008.

BENDELL, J.; SUTHERLAND, N.; LITTLE, R. Beyond unsustainable leadership: critical social theory for sustainable leadership. Sustainability Accounting, *Management and Policy Journal*, v. 8, n. 4, p. 418444, 2017.

BERG, J. L. *Purpose matters to leaders at a personal and company level*, 2017.

BERSON, Y. et al. The relationship between vision, strength, leadership style, and context. *Leadership Quarterly*, v. 12, n. 1, p. 53-73, 2001.

BIERNACKI, Patrick; WALDORF, D. Snowball sampling: Problems and techniques of chain referral sampling. *Sociological methods & research*. v. 10, n. 2, p. 141163, 1981.

BISOUX, T. Reshaping Business. *BizEd*, v. 9, n. 3, p. 18-23, 2010.

BRANSON, C. Effects of structured self-reflection on the development of authentic leadership practices among Queensland primary school principals. *Educational Management Administration and Leadership*, v. 35, n. 2, p. 225-246, 2007.

BRONK, K. C.; MCLEAN, D. C. The Role of Passion and Purpose in Leader Developmental Readiness. *New Directions for Student Leadership*, v. 149, n. 2, p. 27-36, 2016.

BURRIS, E. R.; DETERT, J. R.; ROMMNEY, A. C. Speaking Up vs. Being Heard: The Disagreement Around and Outcomes of Employee Voice. *Organization Science*, v. 24, n. 1, p. 22-38, 2013.

CAPPELLI, P. et al. Indian business leadership: Broad mission and creative value. *Leadership Quarterly*, v. 26, n. 1, p. 7-12, 2015.

CARTER, D. R. et al. Social Network Approaches to Leadership: An Integrative Conceptual Review. *Journal of Applied Psychology*, v. 100, n. 3, p. 597-622, 2015.

CASEY, J.; MACINTYRE, A. *After Virtue*. v. 33, 1983.

CHUNOO, V.; OSTEEN, L. Purpose, Mission, and Context: The Call for Educating Future Leaders. *New Directions for Higher Education*, v. 2016, n. 174, p. 9-20, 2016.

COLLINS, J. *Empresas feitas para vencer*: por que algumas empresas alcançam a excelência... e outras não. Casa Educação, 2015.

COLLINS, J. C.; PORRAS, J. I. *Feitas para durar:* práticas bem-sucedidas de empresas visionárias, 1994.

CONGER, J. A.; KANUNGO, R. N. *Charismatic leadership in organizations.* 1998.

CRAIG, N.; SNOOK, S. From purpose to impact: figure out your passion and put it to work. *Harvard business review*, v. 92, n. 5, 2014.

CUNHA, M.; REGO, A.; CASTANHEIRA, F. *Propósito:* ideias para trabalhar ligado, 2016.

DAMON, W.; MENON, J.; COTTON BRONK, K. The Development of Purpose During Adolescence. *Applied Developmental Science*, v. 7, n. 3, p. 119128, 2003.

DRATH, W. H. Approaching the future of leadership development. In: *Handbook of leadership development.* p. 403-432, 1998.

DRUCKER, P. F. Managing oneself. *Harvard Business Review*, 2005.

ERIKSEN, M.; COOPER, K. Shared-Purpose Process: Implications and Possibilities for Student Learning, Development, and Self-Transformation. *Journal of Management Education*, v. 41, n. 3, p. 385-414, 2017.

FERNANDEZ, S. Peter Drucker's leap to faith. *Journal of Management History*, v. 15, n. 4, p. 404-419, 2009.

FRANKL, G. *Blueprint for a Sane Society.* Londres: Open Gate Press, 2004.

FRANKL, V. E. *Em busca de sentido:* um psicólogo no campo de concentração. São Leopoldo, 1985.

FREEMAN, R. E.; PHILLIPS, R. A. Stakeholder Theory: A Libertarian Defense. *Business Ethics Quarterly*, v. 12, n. 3, p. 331, 2002.

FRIEDMAN, M. Capitalism and Freedom: The Relation Between Economic Freedom and Political Freedom. In: *Capitalism and Freedom*. p. 7-17, 1962.

FRY, L. W.; SLOCUM, J. W. Maximizing the Triple Bottom Line through Spiritual Leadership. *Organizational Dynamics*, v. 37, n. 1, p. 8696, 2008.

GALBRAITH, J. R. Organization design: an information processing view. *Organizational Effectiveness Center and School*, v. 21, n. 1, p. 21-26, 1977.

GEHRKE, B.; CLAES, M. *Leadership and Global Understanding*. p. 371-385, 2017.

GEORGE, B. True North. *Georgia Tech Alumni Magazine*, v. Fall, p. 47-51, 2007.

GEORGE, G.; MCGAHAN, A. M.; PRABHU, J. Innovation for Inclusive Growth: Towards a Theoretical Framework and Research Agenda. *Journal of Management Studies*, v. 49, n. 4, p. 661-683, 2012.

GEORGE, W. W. Leadership is Authenticity, Not Style. In: *Authentic leadership*: rediscovering the secrets to creating lasting value. p. 11-24, 2003.

GIOVANOLA, B. Re-thinking the anthropological and ethical foundation of economics and business: Human richness and capabilities enhancement. *Journal of Business Ethics*, v. 88, n. 3, p. 431-444, 2009.

GOLEMAN, D. *Liderança que traz resultados*. 2014.

GRAHAM, K. Leading with purpose: a case for soul leadership. *Development and Learning in Organizations*: An International Journal, v. 25, n. 4, p. 5-7, 2011.

GRANT, A. M. Leading with meaning: beneficiary contact, prosocial impact, and the performance effects of transformational leadership. *Academy of Management Journal*, v. 55, n. 2, p. 458-476, 2012.

GREENLEAF, Robert K. Servant leadership. 1977.

GUPTA, S. *Marketing Reading:* Creating Customer Value. Harvard Business Publishing, 2014.

HASKELL, C. A. *How purposeful leaders experience growth.*

HELGESEN, S. The Practical Wisdom of Ikujiro Nonaka. *Strategy*, v. 53, n. 53, p. 1-8, 2008.

HEWITT, Andrew. *Game Changers*: A new model of business success. Acesso em abril 2017. Disponível em: <https://youtu.be/dtJamSTugR4>.

HEWITT, Andrew. *The Game Changers:* Redefining Success. TEDx Ajman, 2012. Disponível em: <https://youtu.be/aq9Iu9zDfJk>.

HILLMAN, James. *O código do ser*: uma busca do caráter e da vocação pessoal. Rio de Janeiro: Objetiva, 1997. HOFFMAN, B. J. *et al*. Person-organization value congruence: How transformational leaders influence work group effectiveness. *Academy of Management Journal*, v. 54, n. 4, p. 779-796, 2011.

HOLLENSBE, Elaine *et al.* Organizations with purpose. *Academy of Management Journal*, v. 57, n. 5, p. 1227-1234, 2014.

HONEYMAN, R. *The B Corp handbook:* how to use business as a force for good. Berrett-Koehler Publishers, 2014.

HOWIE, G. *Aristotle on Education.* Nova York, Collier Macmillan, 1968.

HUTCHINSON, Karise. Leadership Purpose. In: *Leadership and Small Business*. Palgrave Macmillan, Cham, 2018. p. 53-68.

JONES, K. *et al.* Action learning: how learning transfers from entrepreneurs to small firms. *Action Learning:* Research and Practice, v. 11, n. 2, p. 131-166, 2014.

JORDI, C. L. Rethinking the firm's mission and purpose. *European Management Review,* v. 7, n. 4, p. 195204, 2010.

JOSHI, A.; ROH, H. The Role Of Context In Work Team Diversity Research: A Meta-Analytic Review. *Academy of Management Journal*, v. 52, n. 3, p. 599627, 1 jun. 2009.

KARNS, G. L. Stewardship: a new vision for the purpose of business. *Corporate Governance:* The international journal of business in society, v. 11, n. 4, p. 337-347, 2011.

KAUFMAN, R. Practical Strategic Leadership: Aligning Human Performance Development with Organizational Contribution. *Performance Improvement*, v. 56, n. 2, p. 16-21, 2017.

KEMPSTER, Steve; JACKSON, Brad; CONROY, Mervyn. Leadership as purpose: Exploring the role of purpose in leadership practice. *Leadership*, v. 7, n. 3, p. 317-334, 2011.

KOFMAN, F. Conscious Business: How to Build Value Through Values. *Conscious Business:* How to Build Value Through Values, p. 1-30, 2006.

KURUCZ, E. C. et al. Relational leadership for strategic sustainability: practices and capabilities to advance the design and assessment of sustainable business models. *Journal of Cleaner Production*, v. 140, p. 189-204, 2017.

LAWRENCE, Anne T.; WEBER, J. *Business and society*: stakeholders, ethics, public policy. Tata McGraw-Hill Education, 2014.

LUTHANS, F.; AVOILO, B. Authentic leadership development. In: *Positive Organizational Scholarship.* [s.l: s.n.]. p. 241-258.

MACINTYRE, A. Virtue Ethics. *Bioethics*, p. 42-43, 2013.

MACKEY, J.; SISODIA, R. *Capitalismo consciente:* como libertar o espírito heroico dos negócios. [s.l.] Casa Educação, 2016.

MANZ, C. C.; SIMS, H. P. SuperLeadership: beyond the myth of heroic leadership. *Organizational Dynamics*, v. 19, n. 4, p. 18-35, 1991.

MANZINI, E. J. Considerações sobre a elaboração de roteiro para entrevista semiestruturada. In: MARQUEZINE, M. C.; ALMEIDA, M. A.; OMOTE, S. (Ed.) *Colóquios sobre pesquisa em Educação Especial.* Londrina: Eduel, 2003. p. 11-25.

MARQUES, J. *Leadership and mindful behavior*: Action, wakefulness, and business. Springer, 2014.

MARQUES, J. Leadership and Purpose, 2017. p. 7-19. In: MARQUES, J. F.; DHIMAN, S. (Ed.) *Leadership Today:* Practices for Personal and Professional Performance. Springer International Publishing, 2017a. p. 7-19.

MIGUEL, Alexy. *Leading with purpose.* 2016. Tese de Doutorado.

MITROFF, Ian I. Wisdom: How the Leaders of Purpose-Driven Organizations Manage from Their Values. In: *Combatting Disruptive Change.* Nova York: Palgrave Macmillan, 2016. p. 47-63.

NAVARRO, P. *Business Schools:* A Study in Failure Business Week Online, 2008.

NODA, T. Leadership Begins with Leading Oneself. *Leadership in Action*, v. 24, n. 5, p. 17-18, 2004.

NONAKA, I. *et al.* Dynamic fractal organizations for promoting knowledge-based transformation — A new paradigm for organizational theory. *European Management Journal*, v. 32, n. 1, p. 137-146, 2014.

NONAKA, I. *The knowledge-creating company.* Harvard Business Review Press, 2008.

NONAKA, I. Dynamic Organizational Capabilities: Distributed Leadership and Fractal Organization. *Strategic Management of Military Capabilities*: Seeking Ways to Foster Military Innovation, 2012.

NONAKA, I.; TOYAMA, R. Strategic management as distributed practical wisdom (phronesis). *Industrial and Corporate Change*, v. 16, n. 3, p. 371394, 2007.

NONAKA, I.; TOYAMA, R.; HIRATA, T. *Managing flow:* a process theory of the knowledge-based firm. [s.l.] Londres: Palgrave Macmillan, 2008.

PALACIO, A. B.; MENESES, G. D.; PÉREZ, P. J. P. The configuration of the university image and its relationship with the satisfaction of students. *Journal of Educational Administration*, v. 40, n. 5, p. 486505, 2002.

PALMER, D. E. Business leadership: Three levels of ethical analysis. *Journal of Business Ethics*, v. 88, n. 3, p. 525-536, 2009.

PARRY, K. W.; HANSEN, H. The Organizational Story as Leadership. *Leadership*, v. 3, n. 3, p. 281-300, 2007.

PETERS, T. Classic Leaders. *Leadership Excellence*, v. 27, n. 4, p. 3, 2010.

PIRSON, M. A.; L AWRENCE, P. R. Humanism in business — towards a paradigm shift? *Journal of Business Ethics*, v. 93, n. 4, p. 553-565, 2010.

PORTER, M. E.; KRAMER, MARK R. Criação de Valor Compartilhado. *Harvard Business Review*, p. 17, 2011.

PRICE, T. *Understanding ethical failures in leadership*. Cambridge University Press, 2006.

RAMARAJAN, L.; REID, E. Shattering the myth of separate worlds: negotiating nonwork identities at work. *Academy of Management Review*, v. 38, n. 4, p. 621-644, 2013.

RICHARDSON, R. J. *Pesquisa Social*. 4 ed. São Paulo, 2008.

SALTER, C. R.; HARRIS, M. H.; MCCORMACK, J. Bass & Avolio's Full Range Leadership Model and Moral Development. *E-Leader Milan*, n. 2008, p. 28, 2014.

SANDERS, D. J. *Empresas Feitas para Servir*. 2011.

SCHWARTZ, M. S.; CARROLL, A. B. The Search for a Common Core in the Business and Society Field. *Business & Society*, v. 47, n. 2, p. 148-186, 2008.

SEIDMAN, D. Catalyzing Inspirational Leadership. *Leader to Leader*, n. Spring, p. 33-41, 2013.

SEMEDO, A. S. D.; COELHO, A. F. M.; RIBEIRO, N. M. P. Authentic leadership and creativity: the mediating role of happiness. *International Journal of Organizational Analysis*, v. 25, n. 3, p. 395--412, 2017.

SHAPIRO, C. Consumer Information, Product Quality, and Seller Reputation. *The Bell Journal of Economics*, v. 13, n. 1, p. 20-35, 1982.

SILVA, C. R.; GOBBI, B. C.; SIMÃO, A. A. O uso da análise de conteúdo como uma ferramenta para a pesquisa qualitativa: descrição e aplicação do método. *Organizações Rurais & Agroindustriais*, v. 7, n. 1, 2011.

SIMS, P. *et al.* O poder da liderança autêntica. *Harvard Business Review Brasil*. Harvard Business Review, 2007.

SMITH, W. K.; LEWIS, M. W.; TUSHMAN, M. L. "Both/ And" Leadership. *Harvard Business Review*, 2016.

SPREITZER, G. M. Leading to grow and growing to lead: leadership development lessons from positive organizational studies. *Organizational Dynamics*, v. 35, n. 4, p. 305-315, 2006.

SPRINGETT, N. Corporate purpose as the basis of moral leadership of the firm. *Strategic Change*, v. 13, n. 6, p. 297-307, 2004.

STAHLHOFER, N. J.; SCHMIDKONZ, C.; KRAFT, P. *Putting Conscious Business Into Context.* [s.l.] Springer, Cham, 2018.

STRANGE, J. M.; MUMFORB, M. D. The origins of vision. Charismatic versus ideological leadership. *Leadership Quarterly*, v. 13, n. 4, p. 343-377, 2002.

STROH, P. Purposeful consulting. *Organizational Dynamics*, v. 16, n. 1, p. 49-67, 1987.

TAKEUCH, H.; NONAKA, I. O líder sábio. *Harvard Business Review*, 2014.

TOHMATSU, D. T. *The 2016 Deloitte Millennial Survey:* winning over the next generation of leaders. 2016.

UHL-BIEN, M.; OSPINA, S. Paradigm interplay in relational leadership: A way forward. In: *Advancing Relational Leadership Research*: A Dialogue among Perspectives. [s.l: s.n.]. p. 537-580, 2012.

UHL-BIEN, M. Relational Leadership Theory: Exploring the social processes of leadership and organizing. *Leadership Quarterly*, v. 17, n. 6, p. 654-676, 2006.

VON NEUMANN, J.; MORGENSTERN, O. *Theory of Games and Economic Behavior*. Princeton University Press, v. 2, p. 625, 1944.

VOSS, C. A. *The narrative journey of the conscious leader*. Bowling Green State University, 2017.

WALUMBWA, F. O.; CHRISTENSEN, A. L.; HAILEY, F. Authentic leadership and the knowledge economy. Sustaining motivation and trust among knowledge workers. *Organizational Dynamics*, v. 40, n. 2, p. 110-118, 2011.

WEICK, K. E. A liderança como confirmação da dúvida. In: *O Futuro da Liderança*. [s.l: s.n.]. p. 107-118.

WENDEL, B.; MOYERS, B. *Talk Coal, Climate This Week on PBSNo Title*. Disponível em: <http://grist.org/ article/wendell-berry-and-bill-moyers-to-talk-coalclimate-this-week-on-pbs/>. Acesso em: 1 abr. 2017.

WHITE, Andrew et al. Purpose-Led Organization: "Saint Antony" Reflects on the Idea of Organizational Purpose, in Principle and Practice. *Journal of Management Inquiry*, v. 26, n. 1, p. 101-107, 2017.

WILSON, C. Purposeful leadership — evolving from "me" to "we" in pursuit of our most important "why". *Development and Learning in Organizations:* An International Journal, v. 31, n. 1, p. 1-4, 2017a.

WINKLER, I. Social Learning Theory of Leadership. In: *Contemporary Leadership Theories:* Enhancing the Understanding of the Complexity, Subjectivity and Dynamic of Leadership. [s.l: s.n.]. p. 85-91.

ÍNDICE

A

Alinhamento de expectativas 219
Andrew Hewitt 69, 111
Autenticidade 58
Autoanálise 223
  contínua 202
Autoconhecimento 22, 132, 207, 224
  dos líderes 132
Autoconsciência 181
Autodesenvolvimento 59
Autoexpressão 47
Autogestão 175
Autonomia responsável 173

B

BAs (contexto dinâmico organizado) 66, 190
  gerenciar significado e conhecimento 67
Bens
  externos 78
  internos 78

C

Capitalismo Consciente 111, 119
Cidadania corporativa 94
Cinco qualidades do líder movido pelo propósito 85
  consciência 86
  discernimento 88
  moralidade 87
  respeito 86
  visão 88
Cisão entre valores e trabalho 46
Compartilhamento de ideias 172
Comportamento de resistência 207
Comunicação
  contínua 166
  da visão 199
  estratégica 83
Comunicar a visão 148
Conceito 81
  de criação de valor compartilhado 81

de maximização dos lucros dos acionistas 81
Conexão emocional 163
Congruência 162
Consciência
 expandida 86
 humana 131
Constância 59
Contextos
 dinâmicos organizados (BAs) 31
 formais 191
 informais 192
Corporate Social Responsibility (CSR). *Consulte* Responsabilidade social corporativa
Corrupção corporativa 81
Cuidado
 ambiental 83
 com os outros 93
Cultura
 da visão de longo prazo 185
 de liberdade com responsabilidade 173
 de liderança 67, 131

D

Daniel Goleman 202
David Siebert 51
Desafios da liderança 197
 ambiente externo 197
 atualização constante 202
 comunicar-se com efetividade 199
 crescimento sustentável 200
 habilidade relacional 201
 manter a congruência e a coerência 203
 resistência a um novo paradigma 205
Desenvolvimento
 de liderança 132
 pessoal 59, 130
Diálogo aberto 151
Diferencial competitivo 31, 77, 138, 224
Disciplina 59
Diversidade 103, 142, 205, 221
 de culturas 167

E

Educação empresarial 99
Eficiência econômica 96
Elaine Hollensbe 99
Empoderamento 60
Energia criativa 60
Experiência de liderança 129

F

Filosofia aristotélica 76

G

Game Changers 111
Gestão horizontal 150
Governança ética 83

H

Habilidade de diálogo 153

I

Ikujiro Nonaka 66
Imagem corporativa 83

Integração horizontal 151
Integridade plena 204

J

James Collins 209
Joan Marques 85
John Mackey 119, 147
John Von Neumann 107

L

Lei da reciprocidade 181
Liderança
  autêntica 134
  consciente 146
Linha da vida 48

M

Mark Twain 64
Metas de desenvolvimento do
    milênio da ONU 104
Modelo VBA 94

N

Necessidade de controle 57
Nelson Mandela 151

O

Oscar Wilde 43
Oskar Morgenstern 107

P

Paradoxo sociedade-empresa
    85
Percepção de integridade 162
Phronesis, conceito 66

Planejamento contínuo 189
Pluralidade 168, 204
  celebração da 168
Propósito 27, 33, 142
  afinidade de 165
  alinhamento de 131
  bússola do 240
  coletivo 76
  compartilhado 151
  corporativo 57, 59, 77, 121
  da empresa 145
  da organização 110
  declaração de 56
  foco no 176
  individual 38, 145
  interno 78
  noção social do 34
  papel do 83
  pessoal 57, 126
  senso de 35, 77
  senso de direção 75
  social 76
  vácuo de 65
  verdadeiro 57

R

Raj Sisodia 119
Relativização da ética 81
Relatório Planeta Vivo 68
Responsabilidade
  social 83
  social corporativa 94

S

Segurança emocional 150, 171
Seis valores fundamentais da
    empresa movida pelo

propósito 99, 219
dignidade 100, 220
pluralidade 103, 221
reciprocidade 107, 220
solidariedade 102, 221
subsidiariedade 105, 219
sustentabilidade 108, 222
Senso
  de completude 148
  de comunidade 170
  de direção colaborativa 160
  de felicidade 140
  de pertencimento 170
  de propósito 94, 211
  de responsabilidade 94
  de significado 82, 140
Sinergia corporação-colaboradores 85
Sistema B 111, 116
Sócrates 76

T

Técnicas de modelagem de negócios 46
Telos, conceito 79

Teoria clássica de Maslow 20
Tim Clark 46

U

United, companhia aérea 84

V

Valor
  compartilhado 69, 116
  social 84
    construção de 84
  sustentável 95
Valores fundamentais 32
  dignidade 32
  pluralidade 32
  reciprocidade 32
  solidariedade 32
  subsidiariedade 32
  sustentabilidade 32
Viabilidade financeira 224

Projetos corporativos e edições personalizadas
dentro da sua estratégia de negócio. Já pensou nisso?

Coordenação de Eventos
Viviane Paiva
viviane@altabooks.com.br

Assistente Comercial
Fillipe Amorim
vendas.corporativas@altabooks.com.br

A Alta Books tem criado experiências incríveis no meio corporativo. Com a crescente implementação da educação corporativa nas empresas, o livro entra como uma importante fonte de conhecimento. Com atendimento personalizado, conseguimos identificar as principais necessidades, e criar uma seleção de livros que podem ser utilizados de diversas maneiras, como por exemplo, para fortalecer relacionamento com suas equipes/ seus clientes. Você já utilizou o livro para alguma ação estratégica na sua empresa?

Entre em contato com nosso time para entender melhor as possibilidades de personalização e incentivo ao desenvolvimento pessoal e profissional.

PUBLIQUE SEU LIVRO

Publique seu livro com a Alta Books. Para mais informações envie um e-mail para: autoria@altabooks.com.br

/altabooks /alta-books /altabooks /altabooks

CONHEÇA OUTROS LIVROS DA ALTA BOOKS

Todas as imagens são meramente ilustrativas.

Este livro foi impresso nas oficinas gráficas da Editora Vozes Ltda.,
Rua Frei Luís, 100 – Petrópolis, RJ.